惠州市地方性法规立法调研报告系列丛

惠 州 学 院 地 方 立 法 研 究 院
惠州市人大常委会法制工作委员会　编

惠州市文明行为促进

立法调研报告

易清　李文珊　彭小丁　著

中国民主法制出版社
全国百佳图书出版单位

图书在版编目（CIP）数据

惠州市文明行为促进立法调研报告／易清，李文珊，彭小丁著. —北京：中国民主法制出版社，2023.9

（惠州市地方性法规立法调研报告系列丛书）

ISBN 978-7-5162-3329-0

Ⅰ. ①惠… Ⅱ. ①易… ②李… ③彭… Ⅲ. ①社会主义—精神文明建设—立法—研究报告—惠州 Ⅳ. ①D927.653

中国国家版本馆 CIP 数据核字（2023）第 141588 号

图书出品人：刘海涛
丛书策划：庞贺鑫
责任编辑：庞贺鑫

书　　名／惠州市文明行为促进立法调研报告
作　　者／易　清　李文珊　彭小丁　著

出版·发行／中国民主法制出版社
地址／北京市丰台区右安门外玉林里 7 号（100069）
电话／（010）63055259（总编室）　63058068　63057714（营销中心）
传真／（010）63055259
http://www.npcpub.com
E-mail：mzfz@npcpub.com
经销／新华书店
开本／16 开　710 毫米×1000 毫米
印张／14.25　字数／189 千字
版本／2023 年 11 月第 1 版　2023 年 11 月第 1 次印刷
印刷／北京虎彩文化传播有限公司

书号／ISBN 978-7-5162-3329-0
定价／56.00 元
出版声明／版权所有，侵权必究。

惠州市地方性法规立法调研报告系列丛书
编辑出版委员会

主　编：

易　清　惠州学院地方立法研究院院长　教授

编委会成员（按姓名笔画排列）：

马学青　王圣儒　江　涛　孙仰前　巫民慧　李才锐

李文珊　吴　楠　何振兴　宋作海　宋振凌　张艺子

陈友乔　陈裕谨　林木明　易　清　秦兰英　袁益祺

康钦春　彭小丁　曾平辉　臧　博　潘丽军

总　序

　　立法调研是立法工作的基础和重要组成部分，是掌握实情、汇集民意的有效途径。重视调查研究是我们党在革命、建设、改革各个历史时期做好各项工作的重要法宝。毛泽东说过，"没有调查就没有发言权"。习近平总书记指出，"调查研究是谋事之基、成事之道。没有调查，就没有发言权，更没有决策权"。立法调研是体现立法为民的必然要求，是提高立法质量的重要保障，是拓宽公民有序参与立法的重要途径。

　　2015年3月，第十二届全国人大第三次会议表决通过的《关于修改〈中华人民共和国立法法〉的决定》，正式赋予设区的市地方立法权。同年5月28日，惠州市成为全省首批开始行使地方立法权的市之一。这就意味着，从2015年5月28日起，惠州市人大及其常务委员会可以对"城乡建设与管理、环境保护、历史文化保护"等三个方面的事项开始制定地方性法规，更有利于针对性地解决城市发展中遇到的问题和群众关切的热点难点问题。

　　惠州市人大常委会为加强立法能力建设，与惠州学院于2015年9月合作共建惠州市地方立法智库（惠州学院地方立法研究院暨惠州市地方立法研究中心），积极探索第三方立法，从立法调研、咨询、论证、起草、评估、审议、公示等多个环节深度参与立法。惠州市地方立法智库发展成为惠州市科学立法的重要阵地、民主立法的重要桥梁、地方立法理论与实践相结合的重要平台，推动法理研究与法治实践相结合，为惠州市地方立法提供坚实的理论支撑和智力支持。

在立法工作中，惠州市人大牢固树立"质量第一"理念，坚持宁缺毋滥，立有用之法，不立应景凑数之法，力争使每一部法规都成为精品。为此，惠州市人大及其常委会非常重视立法调研。2016年2月29日惠州市第十一届人民代表大会第六次会议通过，2016年3月31日广东省第十二届人民代表大会常务委员会第二十五次会议批准，自2016年4月23日公布起施行的《惠州市制定地方性法规条例》第十一条明确了立法调研的地位："起草地方性法规草案应当注重调查研究，广泛征询社会各界意见。"

2017年1月4日惠州市第十一届人民政府第166次常务会议通过，2017年2月16日惠州市人民政府令第94号发布，2017年3月18日起施行的《惠州市人民政府拟定地方性法规草案和制定政府规章程序规定》第二十五条把立法调研报告列为地方性法规草案、政府规章送审的法定要件："起草责任单位向市人民政府（径送市人民政府法制机构）报送地方性法规草案、政府规章送审稿的请示时，应当同时提交下列材料：……（七）调研报告（包括调研背景现状、调研目的，调研方法、调研活动等）；……"

目前，立法调研已经成为惠州市地方立法的一大特色和优势。在正式受委托起草每一部法规之前，惠州市地方立法智库都要遵照《惠州市制定地方性法规条例》《惠州市人民政府拟定地方性法规草案和制定政府规章程序规定》，会同惠州市人大常委会法制工作委员会，开展广泛深入的立法调研，组织精干、专业、跨领域的调研组，通过实地调查、访谈调查、会议调查、问卷调查、重点调查等方法，深入基层获得丰富的、直接的、真实的第一手数据和资料；坚持问题导向，抓住重点难点问题、体制机制方面存在的突出问题和群众反映强烈的热点难点问题；科学整理所占有的调研材料，充分查找存在的问题，理性分析个中原因，准确提出切实可行的对策建议；撰写内容翔实、针对性强的立法调研报告，作为法规草案起草的基础资料，供法规草案审议时作重要参考。

由惠州学院地方立法研究院与惠州市人大常委会法制工作委员会共同编写，2019 年 1 月出版的《设区的市地方立法实用教程》第五章"设区的市地方立法调研"，从地方立法调研的含义、特点、原则、方法、意义、实施及报告的撰写等方面进行了全方位的深入总结和探讨。此次《惠州市地方性法规立法调研报告系列丛书》的出版，是惠州市新获立法权以来开展的立法调研而形成的部分重要成果展示，将会对设区的市立法工作起到积极的推动作用，尤其是对立法调研工作提供重要的参考与借鉴。

是为序。

《惠州市地方性法规立法调研报告系列丛书》编委会
2019 年 9 月

前　言

作为珠江三角洲的中心城市之一的惠州市，地处广东省东南部，下辖惠城区、惠阳区、博罗县、惠东县、龙门县，并设有大亚湾经济技术开发区以及仲恺高新技术产业开发区。惠州位于粤港澳大湾区东岸，毗邻深圳、东莞、广州等重要城市，接壤香港特别行政区，凭借其区位交通优势、广阔的发展空间，以及良好的生态环境与产业基础，不断吸引项目布局、企业入驻、人口落户。根据惠州市第七次全国人口普查公报，惠州市常住人口为6042852人（截至2020年11月1日），与2010年第六次全国人口普查的4597002人相比，共增加1445850人，增长31.45%。同时，根据广东省地区生产总值统一核算结果，2022年惠州地区生产总值5401.24亿元，同比增长4.2%。2022年，惠州市人口增量居于广东省第五位，且与经济总量居于广东省第五位相当，经济发展水平与人口数量增长相匹配。

经济社会发展是城市高质量发展的重要基础，而提升社会文明程度是城市现代化发展的内在要求。惠州"十四五"规划纲要指出，惠州市不仅要打造珠江东岸新增长极，实现经济社会高质量跨越式发展，更要加快建设"更加幸福国内一流城市"，使社会文明程度达到新水平。因为社会文明程度不但是体现一座城市社会进步程度的重要标志，更是一座城市提升竞争力的关键要素，而市民的文明素养的高低、行为习惯的好坏则是文明程度的直接展现。故而，建设国内一流城市，离不开每一位市民文明程度的同步提升。1999年，惠州市提出创建全国文明城市，历经10年的不懈奋斗，于 2009 年获评"全国文明城市"的荣誉称号。截至 2022 年，惠州市已连续五届被授予"全国文明城市"荣誉称号。众所周知，文明创建成果来之不易，文明城市建设仍然任重道远。其中，公民文明素质、社会文明程度、文明创建法治化水平的逐步提升，共建、共治、共享的文明行为促进长效机制的形成完善，以及社会主义核心价值观的落细、落实，都有赖于一部全面、系统、规范的文明行为促进的地方性法规的出台。

因此，为实现惠州市高质量发展，提升社会文明程度，以及推动惠州市加快建设更加幸福国内一流城市，惠州市人民代表大会常务委员会将《惠州市文明行为促进条例》（以下简称条例）列入 2020 年度立法计划。2020 年 5 月，惠州市委宣传部与惠州市地方立法研究中心（以下简称立法中心）签约并启动该立法项目。惠州市委宣传部高度重视条例立法工作，责成惠州市精神文明建设委员会办公室与立法中心组成条例立法工作协调小组，负责协调指导条例立法的相关工作。条例立法工作按立法调研、草案起草、立法论证 3 个阶段进行，并严格按时间节点推进。惠州市精神文明建设委员会办公室联合立法中心组织 3 个调研组分赴各县（区）、20 多个市直部门和单位进行立法调研，发放条例立法调查问卷，共收回 14034 份问卷，广泛听取各方面对制定条例的意见、建议，收集整理政策与理论、国内城市同类立法情况等相关资料，梳理文明创建中的经验做法和存在的突出问题，深入理性剖析问题根源，提出制定条例需重点确定的制度和措施，并由立法中心完成本立法调研报告的撰写。

目 录

第一部分 总 论

一、调研背景

恩格斯曾说："文明时代是学会对天然产物进一步加工的时期，是真正的工业和艺术产生的时期。"[①] 作为人们现实生活中最直接的表现形式，文明与生活密不可分，体现在人们生活的方方面面。文明是人类社会进步、发展的重要标志，用以区分人类社会发展水平。其中，文明主要分为物质文明和精神文明两种形态。物质文明主要是指人们利用自然规律，不断改造自然而创造取得的物质财富，而精神文明主要是指人类在创造物质成果的同时，所追求和创造的精神上及思想上的社会发展成果。自新中国成立以来，党和国家一贯重视社会主义精神文明建设，并取得了一系列成果。而随着经济的高速发展与城市化进程的不断加快，公民行为的文明与否，对中国城市形象的影响日益加深。进入新时代，由于公民素质水平仍有待全面提升、配套设施的缺失与滞后、制度保障的缺乏和不到位，我国精神文明建设面临全新的挑战。

目前，惠州市的精神文明建设仍存在诸多不足：不遵守公共秩序、不遵守文明行为准则的现象依然存在；部分领域公德失范、诚信缺失的现象时有发生；在局部地区，尤其是部分农村地区，环境卫生"脏乱差"的问题仍较为突出；不良风气、不良风俗仍在一定范围内存在；以及随着经

[①] 中共中央马克思恩格斯列宁斯大林著作编译局编：《马克思恩格斯文集》，人民出版社 2009 年版。

济社会发展产生的新问题，比如交通出行问题：私家车及便民公共自行车乱停放、快递外卖车辆乱穿行；又比如网络信息污染问题：网络用语粗俗，甚至利用网络传播低级庸俗、封建迷信等不良信息等。上述现象都将严重影响惠州作为全国文明城市、惠民之州的城市形象。

多年来，惠州市通过改善城市精神文明建设现状，在城市精神文明建设方面取得了新成就。一方面，惠州市在系列文件中（《新时代惠州市文明城市建设三年巩固提升方案（2018—2020）》《惠州市公民文明素质和社会文明程度提升行动实施方案（2018—2020 年）》等）明确了其文明城市建设的奋斗目标：到 2020 年，惠州市高水平实现全国文明城市"五连冠"，博罗县、龙门县高水平蝉联全国文明城市（县级）称号，惠东县进入全国文明城市（县级）行列；又在《惠州市全国文明城市三年巩固提升方案（2021—2023 年）》提出总体目标：2021—2023 年分别以"基础设施整治补短板""服务管理提升增内涵""城市品质发展提质量"为主题，锚定"十四五"规划提出的"社会文明程度得到新提高"和"建设更加幸福国内一流城市"的目标。通过 3 年的接续努力，营造更具生命力和创造力的社会主义精神文明环境、廉洁高效的政务环境、公平正义的法治环境、诚信守法的市场环境、舒适便利的生活环境、健康向上的人文环境、安全稳定的社会环境、可持续发展的生态环境，使全国文明城市创建更具精神文明特色，惠州经济社会发展和城市建设与管理水平不断提升，城乡环境面貌、社会公共秩序、公共服务水平、居民生活质量不断改善，公民思想道德素养、科学文化素质和身心健康素质不断提高，推动惠州进入全面创建、全域创建、全民创建、全程创建新阶段。另一方面，惠州市在推动深莞惠联动发展的大背景下，以提升城市品质、活跃经济为宗旨，整合基础资源，发挥自然条件优势，科学规划，集约投入，并以对标一流、更具特色的标准进行城市形象提升策划，持续推进深化惠州市社会主义核心价值观建设以及社会文明建设，进而增强全体市民的思想自觉和行动自觉。

当前，惠州市立足打造珠江东岸新增长极，建设粤港澳大湾区高质量发展重要地区，争创更加幸福国内一流城市，唯有促进文明行为、提升精神文明，方可不断取得思想道德建设的新进展新成就。因此，如何通过立法来规范市民文明行为，已经成为惠州一项亟待研究解决的重大问题。

（一）文明行为立法完善是"坚持依法治国和以德治国相结合"的内在要求

深化城市精神文明建设，促进市民文明行为，需要将德治与法治相结合。习近平总书记于 2016 年指出，法律是成文的道德，道德是内心的法律。法律和道德都具有规范社会行为、调节社会关系、维护社会秩序的作用，在国家治理中都有其地位和功能。法安天下，德润人心。法律有效实施有赖于道德支持，道德践行也离不开法律约束。[①]

党的十八大以来，党中央多次强调要发挥法治在解决道德领域突出问题中的作用。2012 年，党的十八大明确提出"积极培育和践行社会主义核心价值观"。2013 年 12 月，中共中央办公厅印发的《关于培育和践行社会主义核心价值观的意见》强调"注重把社会主义核心价值观相关要求上升为具体法律规定""形成有利于培育和践行社会主义核心价值观的良好法治环境"。2014 年，党的十八届四中全会明确指出，要发挥立法的引领和推动作用。立法的引领和推动作用，就是要使执政党的主张通过法定程序成为国家意志，从制度上、法律上保证执政党的路线方针政策的贯彻实施。2014 年，《中共中央关于全面推进依法治国若干重大问题的决定》要求"发挥法治在解决道德领域突出问题中的作用，引导人们自觉履行法定义务、社会责任、家庭责任"。2016 年 12 月，中共中央办公厅、国务院办公厅印发的《关于进一步把社会主义核心价值观融入法治建设的指导意见》指出，要把社会主义核心价值观的要求体现到宪法法律、

---

① 参见中华人民共和国中央人民政府官网，《习近平主持中共中央政治局第三十七次集体学习》，https://www.gov.cn/xinwen/2016－12/10/content_5146257.htm，最后访问日期：2023 年 4 月 28 日。

法规规章和公共政策之中，转化为具有刚性约束力的法律规定，以推动文明行为的立法工作。2017年10月，党的十九大指出，培育和践行社会主义核心价值观。[①] 2018年5月，中共中央印发的《社会主义核心价值观融入法治建设立法修法规划》明确指出，"加强道德领域突出问题专项立法，把一些基本道德要求及时上升为法律规范"，并提出要"探索制定公民文明行为促进方面法律制度"。2019年，全国文明城市测评体系亦提出了"有立法权的城市推进文明行为立法，形成常态长效机制"的要求，将推进文明行为立法纳入文明城市考核指标。

（二）我国日趋重视文明行为促进立法工作

截至2022年4月12日，在综合立法领域，我国暂无上位法专门围绕"文明行为"进行设立，但我国已有相当数量的法律如《中华人民共和国民法典》第1043条、《中华人民共和国未成年人保护法》第25条、《中华人民共和国老年人权益保障法》第18条等为规范公民的行为而设定的文明行为相关法律条文。[②] 然而，由于经济社会快速发展，城镇化步伐加快，城市人员结构日趋复杂，"城市病"积重难返，新情况和新问题不断出现，人们对文明社会的期待越来越迫切。一方面，现行法律缺位，例如对网络不文明行为、"牛皮癣"等问题缺乏有效规定。另一方面，之前的执法形式、手段、措施不适应当前新问题、新现象的发展，例如民政部门对不愿接受救助的流浪人员无计可施，环卫部门对随地便溺人员束手无策，城管部门对流动商贩违规摆卖叫苦不迭。倘若针对上述具体操作执行中的现实问题，予以法律规制，将有益于全社会文明素质的提升，减少不文明现象的发生。故而，应当加强相关立法工作，明确及完善对失德行为的惩戒措施，对群众反映强烈的失德行为依法加强专项整治。不过，个别

[①] 王晓：《国家治理视域下的文明行为地方立法现代化研究——以39个设区的市文明行为促进型立法为样本》，载《北京联合大学学报（人文社会科学版）》2019年第4期。

[②] 王晓：《国家治理视域下的文明行为地方立法现代化研究——以39个设区的市文明行为促进型立法为样本》，载《北京联合大学学报（人文社会科学版）》2019年第4期。

不文明行为或现象仅靠道德的力量无法解决，并且可能会产生严重的道德失范等危害性后果，所以要采用道德挽救、正义伸张、正能量传播的有效途径，将部分涉及社会秩序和人性完善中最基本的道德要求法律化。通过立法将部分道德规范上升为法律规范，对不文明行为进行规范与制裁，必将取得良好的社会效果，进一步提升民众的文明程度。

2018 年，全国文明办主任会议强调，要鼓励有立法权的城市出台文明行为促进条例，充分发挥法律法规对树立社会文明风尚的保障作用。目前，文明行为立法更多的是各个地方权力部门或者政府部门所制定出台的地方性法规，我国绝大多数省份和城市制定了文明行为相关的法律法规，最早的文明行为相关立法是深圳市于 2013 年 3 月 1 日施行的《深圳经济特区文明行为促进条例》。截至 2023 年 4 月 28 日，全国已有 233 个省市发布文明行为相关法规。其中，河北、天津、贵州和广西等 11 个省区市陆续出台了省级文明行为地方性法规，兰州、柳州等 10 个市出台了地方政府规章，其余 212 个设区的市制定了地方性法规。近年来，部分城市已经根据地方情况的变化，对当初制定的法规进行了修订，例如深圳市于 2020 年对其 2013 年制定的《深圳经济特区文明行为促进条例》进行了修改并重新发布。①

（三）广东省文明行为立法工作逐步推进

长期以来，广东省高度重视文明行为地方立法工作。在深入落实国家有关文明行为法律法规的同时，广东省结合具体的工作实际，先后制定并颁布一大批地方文明行为相关的法律法规，使地区文明行为相关的法律法规和制度从部分到全面，从单一到配套，不断得到完善。随着《广东省城市市容和环境卫生管理规定》《广东省志愿服务条例》等法规规章的先后制定和实施，为促进广东文明行为发挥了重要作用。2015 年，设区的市拥有地方立法权后，广东省内各个城市开始相继出台有针对性的文明行

---

① 相关资料来源：国家法律法规数据库、北大法宝网站。

为的地方性法规（例如，深圳市于 2020 年重新修订发布《深圳经济特区文明行为促进条例》，广州、韶关、清远、汕头、汕尾、佛山、中山等城市也相继在 2020 年至 2022 年颁布了相关条例）。2021 年 9 月 1 日，《广东省文明行为促进条例》正式施行，广东文明行为的工作自此有了直接法规依据。

"文明行为条例"出台之后，惠州市民就有了对文明和不文明行为准确的判断依据。这不仅有助于形成褒扬文明行为与谴责不文明行为的社会舆论环境，也有助于管理部门对市民行为的管理做到奖惩有据。"文明行为条例"如同一本简便易用的公民行为"文明手册"，指导群众自觉遵从文明行为规则，防范不文明行为的发生，从而做到正面引导和依法管理并举，提升素养和革除陋习齐抓，以及在全社会培养和加强文明意识，规范文明行为。

（四）惠州市文明行为促进立法助力文明创建

2009 年，惠州市以全国地级市第一名的成绩荣获第二批全国文明城市称号，至今已成功蝉联全国文明城市"五连冠"。2017 年，惠州市博罗县、龙门县分别荣获全国文明城市（县级）称号，惠东县成为全国文明城市（县级）提名城市，实现了全域创建"满堂红"。[①] 在文明行为促进立法方面，惠州市于 2015 年取得立法权之后，在环境保护、环境卫生、交通出行、文明旅游等领域相继出台了一系列地方性法规与地方政府规章，如《惠州市西枝江水系水质保护条例》《惠州市历史文化名城保护条例》《惠州西湖风景名胜区保护条例》《惠州市罗浮山风景名胜区条例》《惠州市扬尘污染防治条例》《惠州市市容和环境卫生管理条例》等，上述条例与市民文明行为规范存在一定的联系。然而，截至 2022 年 4 月，惠州市市民文明行为规范领域的规定仍然多数是市民公约与部门规章，约

[①] 参见惠州发布微信公众号，《惠州力争明年"全国文明城市"五连冠》，https：//mp. weixin. qq. com/s/mjzKPJmOy49xnejp0loUug，最后访问日期：2023 年 4 月 28 日。

束力不足。

由于推进文明行为促进立法是惠州建设惠民之州的内在要求和重要抓手，所以市民行为的进一步规范，以及文明工作的大力促进，有必要通过地方立法加以实现。只有扎实推进惠州城市治理，才能深切体会到持续提升惠州城市文明程度和市民文明素质正是建设城市软实力、提升城市国际国内竞争力的基础工程。问卷调查结果显示，56.6%的受访者认为制定本市的文明行为促进条例"非常有必要"，40.57%的受访者认为制定本市的文明行为促进条例"有必要"，认为没必要者仅占0.7%。① 结合项目组做的调研发现，9成以上接受座谈、访谈的党政部门工作人员、人大代表、政协委员、基层工作者、社会组织代表、专家学者和接受问卷调查的市民，都认为惠州市文明行为促进立法具有必要性、可行性和紧迫性。推进惠州市文明行为促进立法在政府、社会和市民观念中已经形成基本共识，群众呼声较高，具备立法的民意基础和动力来源。近年来，在惠州市人民代表大会会议上，时有人大代表提交关于提升市民文明素养或促进文明行为立法的议案。此次调研中，许多同志反映抓好文明行为培育，离不开法律的支持。鉴于此，惠州市人大常委会决定将条例列入2020年的立法项目。之后，惠州市精神文明办公室（以下简称惠州市文明办）与惠州市地方立法研究中心组成项目组，就惠州市城市文明建设的现状、市民文明行为的现状及问题进行调研，就条例立法中的理论及实践问题开展研究。

二、调研目的

（一）摸清现存问题

中共惠州市委宣传部希冀借由立法中心开展的系统、深入的调查研究，充分掌握惠州市文明行为促进工作的整体情况和突出问题，学习借鉴国内外城市管理及相关立法工作经验，系统梳理上位法相关法律制度规

---

① 参见附件5《调查问卷分析报告》。

范，在此基础上进行综合研究和分析，找准惠州市文明行为工作中需要通过立法解决的主要问题，提出法规制度设计的具体建议，为条例草案的修改、审议提供参考依据。

（二）探寻可行对策

立法中心坚持开门立法，践行立法为民的理念，结合国内外促进文明行为工作的经验和做法，解读国家上位法与参照兄弟城市文明行为条例情况，围绕惠州市文明行为的现状，梳理出惠州市促进文明行为工作中急需改进的问题，并探寻相关对策。

三、调研方法

（一）资料收集方面

在收集资料过程中，项目组主要运用了文献法、观察法、访谈法和抽样调查问卷法。

关于文献法。项目组通过查找网络资料、图书、报刊及走访实务部门等多种方式收集资料，梳理惠州市文明行为的基本情况。调研期间，项目组多次赴中共惠州市委宣传部、惠州市政府职能部门等单位，针对惠州市文明行为的规划、建设与发展的历史等情况展开资料收集工作，收集了惠州市文明行为的相关情况，如机构、规划、法规、资金、公众参与等诸多方面的文献资料。通过收集相关文献，项目组获得了惠州市文明行为的基础材料。

关于观察法。项目组成员多次深入惠州市实地考察，观察惠州市范围内及周边人们的生产生活状况，对其基础设施等进行实地体验式考察，也观察和收集人们对惠州市文明行为工作方面的实际诉求和行为策略。

关于访谈法。项目组通过与惠州市居民的访谈，深入了解惠州市文明行为的现状、存在的问题，以及居民的诉求等；到相关职能部门进行访谈，如调研人员到具体的部门找相应的业务部门和人员进行座谈。

关于抽样调查问卷法。项目组专门针对惠州市居民的特点和关注的问题，科学设计调查问卷。将开门立法的阶段前移，即在法规草案起草前便开展了促进文明行为社会问卷调查工作。调查问卷的结构和内容设计，广泛听取了有关部门、专家的意见，既列举了需要倡导规范的文明行为，也细化了应予禁止的不文明行为，体现了倡导规范文明行为与惩戒不文明行为相互配合、相互映照的制度理念。调查问卷还采取了列举式与概括式相结合、客观选择与主观建议相结合的技术手段，有利于全面收集市民等各方面的意见和建议。项目组还对问卷进行了分析。由于受新冠肺炎疫情影响，项目组只能利用网站、微信公众号进行网络问卷调查，回收调查问卷数据 14034 份，获得了市民群体对文明行为的认知、评价、改进措施等方面的第一手资料。

（二）资料的整理与分析方面

在资料的整理、分析与处理中，项目组主要运用了统计分析法、归纳法、演绎法、比较分析法等方法。

关于统计分析法。为了保证统计分析的科学性和客观性，对已经收集的 14034 份调查问卷，运用相关数据平台进行统计分析；通过对统计数据的分析，形成了分析报告。

关于归纳法。在调查问卷中涉及的主观性选项和客观性选项中的他项选择，以及与街坊访谈、与利益相关者座谈，与宣传部门、文化部门、城市管理部门等相关部门访谈等，都保留了大量真实的原始数据。上述资料存在大量重复或是具有包含关系的内容，相关内容也相对分散。对此，项目组通过大量阅读，逐步归纳、梳理资料之间的逻辑关系，使之形成一个系统性的有机整体。

关于演绎法。惠州市文明行为促进立法是一个连续、不断修正的过程，同时受到多种因素制约。人们对惠州市文明行为规范的观点和看法，往往具有相关性，通过运用统计方法研究问卷调查其中一个方面，项目组也可以大致了解或者印证其他方面的内容。同时，根据其他城市已有条例的修订时间，将数据系统化，进而在定性基础上作出量化判断，通过演绎方法探察惠州市文明行为的规律，增加调查研究和保护对策的科学性。

关于比较分析法。项目组通过对国内外文明行为促进条例立法的发展比较分析，包括时间上的纵向联系与领域上的横向联系的比较研究，分析美国、德国、新加坡等国的城市文明行为的变化、转折、前后的关系，深入理解其变化方式，进而预测文明行为促进工作中可能会出现的问题，改善该项立法，使其具备一定的前瞻性。同时，对国内省、市文明行为及其立法的社会背景、管理政策、管理机构等进行比较分析，探寻其多层面、多架构、多措施的影响因素，确定文明行为的重点，避免踏入其他兄弟城市相关立法的误区，继而增强惠州市文明行为及其相关立法问题的针对性、本土性和特殊性。

四、调研重点

（一）重点领域

本次调研在惠州市文明城市创建、文明行为促进、不文明行为整治等重点工作领域展开。重点是对惠州市历次文明城市创建过程中的重点与难点、不文明行为整治的成效与不足，以及不文明行为的表现及原因等进行实地调研与分析。

（二）重点问题

本次调研的重点问题主要有：惠州市文明行为和不文明行为的基本情况与特征体现在哪里；工作经费（包括收入与支出）如何安排；惠州市相关管理机构的职责分工、履职具体情况，以及与市县其他职能部门之间是何种关系；惠州市因为不文明行为产生的矛盾如何解决；惠州市在文明行为促进工作的管理范围内，如何科学合理地作出禁止性或限制性规定；影响惠州文明形象的行为，立法上能否禁止，应该如何制止；惠州市治理不文明行为的执法权应当如何分配，分配是否合理，是否需要在立法中加以规范和界定；针对各类上位法已有规定但不明确，或者上位法未作规定，而惠州市立法需要进行规定的违法行为，如何科学合理地规定法律责任；等等。

五、调研活动

（一）项目启动

为坚持科学立法、民主立法、依法立法，充分体现惠民之州法治文化建设的质量和水平，惠州市文明办作为条例草案的提出主体，联合市地方立法研究中心，组织开展了广泛而深入的立法调研，进而为立法工作奠定了坚实基础。

实际上，由于立法调研时间紧、任务重，在立法中心与惠州市委宣传部正式签订《惠州市文明行为促进条例立法调研协议》之前，市地方立法研究中心就已经先行在中共惠州市委宣传部的授意下着手开展立法调研，编写立法资料汇编等。2020年5月，成立了调研项目组，项目组于2020年5—6月，对惠州市文明行为促进具体工作内容进行了多次调研。

（二）具体行动

2020年5月19日上午，在市委宣传部会议室召开了调研工作推进会，此次会议主要内容是初步了解惠州市文明行为促进工作的情况以及下一步的工作安排。

2020年5月22日，市地方立法研究中心召开《惠州市文明行为促进条例》立法问卷修改会，调研小组和起草小组参加此次会议，会议的主要内容是针对调查问卷进行讨论修改，以便调查问卷能够把现实问题更好地反映出来。

2020年6月3日下午，市地方立法研究中心调研组到市委宣传部和惠州市市直部门进行立法调研座谈。会议主要围绕"惠州市文明行为促进条例"立法展开座谈调研,以熟悉情况、了解和掌握现状。惠州市委宣传部和市地方立法研究中心双方都表达了良好合作、共同推进惠州市文明行为促进立法的意愿。

鉴于时间紧、任务重,在各县、区、部门调研安排中,分为三组同步进行。

2020年6月4日上午,市地方立法研究中心调研组仲恺小组到仲恺高新区人才服务大厦仲恺文明办进行调研座谈,会议围绕负责相关职能部门的管理体制,以汇报及问答形式进行,先由各部门代表简要汇报部门情况,再由立法调研项目组负责提问,仲恺高新区相关职能部门进行详尽回答。

2020年6月4日上午,市地方立法研究中心调研组惠阳小组到惠阳区文明办进行调研座谈,会议围绕负责相关职能部门的管理体制,以汇报及问答形式进行,先由各部门代表简要汇报部门情况,再由立法调研项目组负责提问,惠阳区相关职能部门进行详尽回答。

2020年6月4日上午,市地方立法研究中心调研组博罗小组到博罗县文明办进行调研座谈,会议围绕负责相关职能部门的管理体制,以汇报及问答形式进行,先由各部门代表简要汇报部门情况,再由立法调研项目组负责提问,博罗县相关职能部门进行详尽回答。

2020年6月4日下午,市地方立法研究中心调研组大亚湾小组到大亚湾开发区文明办进行调研座谈,会议围绕负责相关职能部门的管理体制,以汇报及问答形式进行,先由各部门代表简要汇报部门情况,再由立法调研项目组负责提问,大亚湾开发区相关职能部门进行详尽回答。

2020年6月5日下午,市地方立法研究中心调研组惠城区小组到惠城区人民政府文明办进行调研座谈,会议围绕负责相关职能部门的管理体制,以汇报及问答形式进行,先由各部门代表简要汇报部门情况,再由立法调研项目组负责提问,惠城区相关职能部门进行详尽回答。

2020年6月5日下午,市地方立法研究中心调研组龙门小组到龙门县文明办进行调研座谈，会议围绕负责相关职能部门的管理体制，以汇报及问答形式进行，先由各部门代表简要汇报部门情况，再由立法调研项目组负责提问，龙门县相关职能部门进行详尽回答。

2020年6月11日上午，市地方立法研究中心调研组惠东小组到惠东县文明办进行调研座谈，会议围绕负责相关职能部门的管理体制，以汇报及问答形式进行，先由各部门代表简要汇报部门情况，再由立法调研项目组负责提问，惠东县相关职能部门进行详尽回答。

2020年6月18日，市地方立法研究中心召开"惠州市文明行为促进条例"立法问卷修改会，调研小组和起草小组参加此次会议，会议的主要内容是结合调研情况对调查问卷进行讨论修改，以便将调研中发现的现实问题更好地反映出来。

2020年6月24日至7月1日，"惠州市文明行为促进条例"立法问卷在惠州市文明网、惠州市西子湖畔、惠州市地方立法研究中心微信公众号等门户网站和微信公众号发布，进行问卷调查，市、县（区）文明办发动各方力量，征集市民真实想法，推动立法工作的顺利进行。

2022年2月开始，市地方立法研究中心收集整理由市文明办征集市直及各县（区）相关部门的调研补充材料，更新相关数据资料，推动立法工作与时俱进。

六、调研特色

作为创制社会规范体系的立法活动，其科学性不仅体现在创制的法律文本结构严谨、合乎逻辑，更体现在创制的法律可以与社会实际相适应。其中，开门立法、广开言路、广纳民意，是坚持科学立法、民主立法、依法立法的具体形式。开门立法有利于纠正"部门利益法制化"之弊，促进立法的科学化。此外，在立法过程中，开门立法能够最大限度地尊重和发挥民意和民智，此类法律创制才能真正得民心，才能切合社会实际，才能实现立法的科学。

惠州市文明办作为条例草案的提出主体，联合市地方立法研究中心，组织开展了广泛而深入的立法调研。项目组始终遵循"民主立法"和"科学立法"双原则，将开门立法理念贯穿于立法全过程。通过民意调查和举行新闻发布会、座谈会、论证会、立法协调会等方式，并借助《惠州日报》、《东江时报》、"西子论坛"、微信群等媒体资源，广泛征集各方面的意见建议，使此次立法能够更好地集中民智、体现民意、符合民心，充分体现惠民之州的文化法治建设的质量与水平。

（一）全面的调研

为充分了解全国各地文明行为促进立法的基本情况、经验成效及问题和不足，找准惠州城市文明行为促进立法中的重点、难点问题，项目组将立法调研工作与文明城市建设相结合，紧扣文明行为促进立法的进程与需求开展调研工作，紧锣密鼓地开展了形式多样的调研，积极听取各方意见，加强对文明行为促进立法中理论与实践问题的研判，并及时将调研结果充分地吸纳到条例草案中，提高立法的科学性、针对性和有效性。项目组广泛分析借鉴国内外关于城市文明行为规范立法的经验和方法；全程参与立法调研工作，坚持问题导向，立足惠州市情，精准辨析应纳入立法调整的行为范围；聚焦立法过程中的重点、难点问题，有针对性地开展对策研究，为立法提供参考意见和建议。

1. 进行文明行为促进法规汇编工作

项目组梳理出了《〈惠州市文明行为促进条例〉涉及相关法律法规规章摘编及汇编》，其中包含法律 20 部，行政法规 11 部，广东省法规规章 18 部，各省市制定的"文明行为促进条例" 24 部，其他文件 3 部，总共 76 部。

2. 开展文明行为促进相关理论研究

调研起草小组梳理分析了美国、英国、德国、日本、韩国、新加坡和中国香港地区、中国台湾地区等国家和地区的文明行为立法概况，总结其立法的特点和经验，包括综合立法与单行立法相结合的立法模式，强调立法的精细性和可操作性，确保不文明行为执法简便易行，以及惩戒措施层层递进形成威慑，以立法保障城市形象和文明等。同时，对国内各城市文明行为促进立法进行了深入的比较研究，总结其他城市的经验做法并在条例立法过程中予以借鉴。

3. 组织召开立法专家座谈会

在条例起草工作启动前和草案基本形成后，项目组两次邀请广州市和惠州市相关领域的专家学者参加座谈，分别从法学、社会学、伦理学等不同角度就文明行为促进立法提出意见和建议。专家参与立法作为提高立法质量的重要途径，既增强了立法活动的民主性，又提升了立法的科学性。

4. 走访调研市内重点区域和单位

项目组先后赴惠城区滨江公园、惠州火车站、惠州南站等地，围绕市容环境卫生、交通秩序等内容开展文明行为促进立法实地调研；赴惠州市文明办、河南岸街道实地调研不文明行为执法、信用联合奖惩机制在文明行为促进工作中的应用情况，以及围绕不文明行为治理中的痛点、难点问题进行交流讨论。

5. 组织召开部门单位、市民群体调研座谈会

项目组组织召开了多场县（区）调研座谈会、市县直部门座谈会、重点公共领域代表座谈会、街道社区座谈会，听取对文明行为促进立法的意见和建议。项目组先后与惠州市人大常委会法制办、惠州市委宣传部、惠州市精神文明办、惠州市公安局、惠州市委网信办、惠州市交通运输局、惠州市文广电旅体局、惠州市住房建设局、惠州市卫健委、惠州市民政局、惠州市城管执法局、惠州市经信局等职能部门展开座谈，以及与惠州市文化馆等重点公共领域管理运营者、河南岸街道冰塘社区等社区居民进行座谈，就涉及文明行为促进立法有关工作情况广泛听取职能部门、市民群体的意见和建议。

6. 走访调研文明行为促进立法经验成熟的地方城市

项目组赴广州市和深圳市进行了文明行为促进的立法调研。项目组通

过座谈会、实地考察、走访等形式，对广州和深圳的文明行为促进立法和法规实施情况进行了全面细致的了解，总结其经验得失。

7. 征求社会各界意见和建议

首先是科学设计调查问卷。此次条例制定，将开门立法的阶段前移，即在法规草案起草前，便先行开展文明行为相关的社会问卷调查工作。调查问卷的结构和内容设计，广泛听取了有关部门、专家的意见，既列举了需要倡导规范的文明行为，也细化了应予以禁止的不文明行为，体现了倡导规范文明行为与惩戒不文明行为相互配合、相互映照的制度理念。调查问卷还采取了列举式与概括式相结合、客观选择与主观建议相结合的技术手段，较为全面地收集了市民等各方面的意见和建议。其次是对问卷进行了分析，采取线上线下问卷相结合的形式，拓宽人民群众参与立法的渠道。通过广泛的问卷调查和民意征集，凝聚市民对于文明行为、不文明行为范围的基本共识，确保立法导向更加鲜明、要求更加明确、措施更加有力，为文明行为促进立法打下坚实的民意基础。最后是建议在条例草案起草后，惠州市应该进一步加强立法宣传工作。通过各类主流媒体、新媒体及各种宣传栏、公益广告等平台，广泛宣传立法的可行性、必要性，以及立法进展情况，让立法工作得到群众支持，并且引导市民积极建言献策。

（二）鲜明的特色

项目组深入开展的立法调研工作，具有以下鲜明的特色。

1. 广泛性

调研所涉人群类别广、人数多，具有一定的广泛性。项目组参与调研的主要工作人员有 6 人，其他参与组员将近 20 人，派出参与调研 50 余人次，访谈机关干部、群众达 60 多人，网络调查对象多达 14000 余人，参与者除立法专家、规划专家外，还有政府部门干部群众和专业技术人员以及志愿者等社会组织。回收的调查问卷中涉及的职业有政府人员、灵活就业人员、无业人员、生产和服务行业人员、私企老板、工程师、大中型企业的管理人员、IT 技工、学生与退休人员等，几乎涉及社会上的各个行业和职业。

2. 针对性

调研访谈和问卷调查始终坚持问题导向，具有较强的针对性。本次立法调研围绕惠州市民关注的问题以及希望解决的突出矛盾展开。在部门访谈中，项目组向相关部门询问了"文明行为促进工作成果""如何治理不文明行为"等相关问题。在设计调查问卷时，项目组根据参加座谈会的部门提出的文明行为促进工作中所存在的突出问题，多次修正了调查问卷的相关内容。总之，项目组最大限度坚持问题导向，在调研中发现问题，针对问题开展进一步的调研，或者根据调研发现的问题，修正原来的调研方案和内容。

3. 本土性

为进一步保护和规范惠州市文明行为，在问卷设计、座谈会和部门访谈中，针对的是本地存在的问题，涉及的问题具体、翔实，且具有鲜明的本土特色。例如，在问卷中问及"您所见到的惠州市公共场所在醒目位置设置文明标识提示牌的情况？""您认为惠州市不文明行为主要发生在哪些场所？""您认为下列哪些不文明行为在惠州市较为突出？""您认为对不文明行为可以采取哪些措施？"，涉及惠州市文明行为促进工作的具体现状，以及市民行为如何有效规范的问题。项目组的调研始终贯彻调研的本土性，以期力求从立法层面厘清并解决上述问题。

4. 补充性

立法调研针对已有法律法规进行查漏补缺及完善细化，具有补充性。惠州市文明行为促进立法工作严格遵循《中华人民共和国宪法》《中华人民共和国治安管理处罚法》等上位法，有序地开展调研工作。在调研中，发现上位法已有明确具体规定的，执行较好的，没有突出问题亟待解决的，以及一般问题只需要通过强化执行就能解决的，就不再作为立法调研的重点。另外，上位法有规定，但不明确的，或者因为本地问题突出，需要进一步细化规定的，立法调研必须根据实际需要作出回应，提供解决机制和法律依据。而上位法没有规定，本地有解决需求，且现实问题又比较突出的，项目组将此类问题作为立法调研的重点。因此，立法调研既反映了其问题内容的权重，也体现了地方立法的补充性。

5. 民主性

立法调研充分反映了利益相关人和社会不同职业及群体的真实意愿，具有鲜明的民主性。在此次立法调研中，项目组坚持民主立法的价值取向，推动社会各界（包括管理部门的管理干部、学者、立法工作者和社会普通公众）广泛参与立法调研的全过程，使其尽可能地实现立法科学化、民主化，真正体现和代表人民群众的意志，充分反映民意，广泛集中民智，为调研报告的撰写与以后相关的立法起草工作夯实基础。无论是在问卷调查中，还是在与利益相关者、专家的座谈，以及与居民的访谈中，各个市民群体的利益和意愿都得到了充分、完整和真实的表达。尽管个别人员在访谈或者座谈中言辞表达较为激烈，项目组都予以尊重并记录下来，希冀通过立法调研工作，为以后民主立法提供真实的民意基础。综上所述，此次立法调研，不但具有范围上的广泛性，而且具有实质意义上的民主性，即通过民主的形式，充分地、真实地反映社情民意。

第二部分 惠州市文明行为促进的现状、问题及原因

一、惠州市文明行为促进的举措与成效

（一）顶层设计陆续完善，统筹谋划全面推进

1. 全面推进精神文明，持续打造幸福城市

惠州市委、市政府坚定中国特色社会主义理想信念，以习近平新时代中国特色社会主义思想为指导，贯彻党中央精神，推动物质文明、政治文明、精神文明、社会文明、生态文明全面协调发展。

作为精神文明建设的物质基础，惠州市经济社会建设成就斐然，在全国属于较为发达的城市。2021 年惠州市地区生产总值为 4977 亿元，财政总收入 1561.2 亿元；地方一般公共预算收入 455.4 亿元；城镇和农村居民人均可支配收入分别达 49243 元和 27580 元。[①] 随着经济社会的高速发展，惠州市人口规模也在不断增大。截至 2020 年 11 月，惠州市全市常住人口为 6042852 人，户籍全市共有家庭户 1896645 户，集体户 219774 户，家庭户人口为 5192486 人，集体户人口为 850366 人，[②] 属于Ⅱ型大城市。

[①] 参见惠州市人民政府官网，2022 年惠州市《政府工作报告》，https：/http：//www.huizhou. gov.cn/zwgk/gbjb/zfgzbg/content/post_4580860.html，最后访问日期：2023 年 4 月 28 日。

[②] 参见惠州市人民政府官网，《惠州市第七次全国人口普查公报》，https://www.huizhou. gov.cn/zwgk/hzsz/zwyw/content/post_4282401.html，最后访问日期：2023 年 4 月 28 日。

党的十八大以来，惠州市在精神文明建设方面取得了新进展、新突破，城市文明程度、惠民利民水平、城乡联创水平，以及常态化管理水平等均得到了显著提升。惠州市持续开展系列活动，倡导社会主义核心价值观，倡导爱国奉献、诚实守信、明礼守法、厚德仁爱、正直善良、勤劳勇敢的个人品德，倡导尊老爱幼、男女平等、夫妻和睦、勤俭持家、邻里团结的家庭美德，倡导爱岗敬业、诚实守信、办事公道、服务群众、奉献社会的职业道德，倡导文明礼貌、助人为乐、爱护公物、保护环境、遵纪守法的社会公德，[①] 从而促进了市民文明行为的养成。

近年来，为持续深化文明创建，惠州市委、市政府多次研究精神文明建设议题，高规格召开全市精神文明建设工作会议，出台了《新时代惠州市文明城市建设三年巩固提升方案（2018—2020）》《惠州市公民文明素质和社会文明程度提升行动实施方案（2018—2020 年）》《惠州市全国文明城市三年巩固提升方案（2021—2023 年）》等系列规范文件，强化顶层设计，明确任务和要求，以培育和践行社会主义核心价值观为根本，实现了以高水平创全国文明城市"五连冠"，并且奋力开创惠州市精神文明建设新局面的目标。

根据上述文件，惠州实施了百项行动，以推动社会主义核心价值观成为全体公民的共同价值追求、行为准则，切实提高公民思想道德素质、科学文化素质和健康素质。具体包括：深入实施"1 + X"核心价值观建设工程，按照"一行业一主题一重点"的思路，分期分类推进公园、企业、社区、乡村、机关、医院、学校等各类核心价值观示范点建设，打造一批基层示范点；加快完善市民公约、村规民约、学生守则、行业规范、团体章程和各行各业的规章规范。[②]

目前，任务已经基本完成。惠州市将在今后不断拓展精神文明创建的深度和广度，不断提升市民文明素质，为惠州市打造成为珠江东岸新增长

---

① 徐乐乐：《高水平争创全国文明城市"五连冠"》，载《南方日报》2018 年 3 月 9 日。
② 徐乐乐：《高水平争创全国文明城市"五连冠"》，载《南方日报》2018 年 3 月 9 日。

极、粤港澳大湾区高质量发展重要地区，以及更加幸福的国内一流城市作出积极贡献。

2. 坚持创建文明城市，不断巩固创建成果

惠州市把创建文明城市、巩固扩大文明创建成果作为推进精神文明建设的重要抓手，以提高城市文明程度和市民文明素质为核心，以"惠民、利民、便民、育民"为基本点和落脚点，[①] 扎实推进社会文明建设。根据惠州市委、市政府的部署，对标《全国文明城市测评体系》，细化工作任务和责任，有针对性地做好网上申报、实地考察、问卷调查等任务分解、培训指导、查漏补缺等工作，确保迎检工作任务落实到位。通过将各项工作任务逐一细化分解，明确时间节点和目标任务，制定详细的实施方案，逐项抓好落实，夺取了全国文明城市"五连冠"。

近年来，惠州市以巩固文明城市成果三年提升计划为抓手，不断深化文明创建各项活动，文明创建不断取得新成效。惠州市不仅提出了"文明创建永远在路上""每天都是创建日，人人都是创建者"等重要口号，也在文明创建工作中，始终坚持以人民为中心，以"人民满不满意、人民高不高兴、人民愿不愿意"为准则，坚持价值观自信，坚持文化自信，培育好时代新人，弘扬时代新风；坚持价值引领、成风化人，在培育践行中持续深化全域文明创建。惠城、惠阳、博罗、龙门等县（区）继续深化文明城市创建，惠东县冲刺全国文明城市（县级）金牌，进而实现惠州市全域文明城市创建"满堂红"。此外，通过深化文明家庭创建，截至2021年12月，惠州市共获评全国最美家庭11户，全国五好家庭7户；省级最美家庭54户，省级五好家庭2户；各级最美家庭29568户，各级文明家庭27375户。[②] 通过深化文明校园创建，截至2021年9月，全市共获评全国文明校园3所，省级文明校园4所，15所市级文明校园入选

① 龚妍：《岭东雄郡摘取全省创文桂冠　好人之城遍结全域创建硕果》，载《惠州日报》2019年4月12日。

② 马海菊、王红日：《我市两户家庭获评全国最美家庭》，载《惠州日报》2021年12月15日。

2021—2023 年创建广东省文明校园先进学校，市级文明校园 223 所。[①] 通过开展文明村镇创建活动，截至 2021 年底，惠州市共获评全国文明村镇 10 个、省文明村镇 12 个、市文明村镇 207 个。[②]

（二）宣传工作广泛深入，道德模范宣扬引领

1. 全方位多样化宣传教育

惠州市各部门深入开展培育和践行社会主义核心价值观、"我们的节日"、"好家风好家训"、美丽乡村建设、文明创建示范点建设、生态文明创建，以及"扣好人生第一粒扣子"等重点工作，在上述方面进行了广泛的宣传。

（1）着重开展宣传活动。在"五一""六一""七一""十一"等重大节日开展群众性、广泛性的主题实践活动，[③] 不断推动核心价值观融入生活，并形成了浓厚的宣传氛围。

（2）不断丰富宣传载体。首先，充分利用广播电视、报纸、新闻网站、户外 LED 大屏、移动电视、楼宇电视、IPTV、村居墙绘等各类载体，广泛宣传党中央精神和习近平新时代中国特色社会主义思想，以身边人讲身边事的形式，组织好人宣讲队等"1 + 10"与"10 + N"宣讲队伍，持续推动学习宣传活动往实里走、往深里走；[④] 其次，制作以宣扬核心价值观、"讲文明树新风"、宣传好人好事好风尚的主题宣传海报、公益广告、微电影、视频短片，在城市出入口、公园广场、公交站亭、公园景区、街道社区、建筑围挡等场所全面投放；最后，采取"价值观 + X"模式，建成多个省级、市级核心价值观主题公园，打造了一批核心价值观主题社

---

① 范文燕：《立德树人馨香远　文明之花满校园》，载《惠州日报》2021 年 9 月 16 日。

② 于蕾、糜朝霞、何海波等：《惠州：文明建设与经济发展同频共振》，载《南方日报》2022 年 1 月 12 日。

③ 参见文明广东微信公众号，《惠州开展"七个专项整治百日行动"，这些重点难点都将集中整治》，https://mp.weixin.qq.com/s/sY4a6Iefw2hOJkFT2TEmPg，最后访问日期：2023 年 4 月 28 日。

④ 龚妍：《岭东雄郡摘取全省创文桂冠　好人之城遍结全域创建硕果》，载《惠州日报》2019 年 4 月 12 日。

区、主题雕塑、文化墙、特色建筑和街头小景。

（3）大力开办"道德讲堂"和"法德讲堂"。2012年以来，由惠州市文明办牵头组织，惠州市依托各级机关、学校、企业、村镇、社区等阵地，建立各类"道德讲堂"1200多个，遍布在机关、企业、学校、社区、农村。其中，于2019年开展活动达5000余场（次），受众逾50万人次。惠州市"道德讲堂"活动严格遵循"八个一"规范流程进行，即"作一次自省，唱一首歌曲，学一个模范，做一件善事，诵一段经典，行一次德礼，谈一些感悟，送一份吉祥"，向参与者展示庄重而又亲切的仪式，唤起参与者心中崇高的感情。"道德讲堂"还以身边人讲自己事，身边人讲身边事，以及以身边事教身边人的形式，传播凡人善举，激发道德自觉，让一个个可信可学的身边道德故事播种于心灵，让人们深切感受到榜样的力量，进而在惠州市构建起崇德向善的浓厚社会氛围。此外，惠州市还创新举措，示范带动。第一，由惠州市文明办牵头，积极打造"道德讲堂总堂"，由各相关单位轮流承办，依照每月至少两期的要求，已成功举办100多期（截至2020年）。第二，根据"就近就便、覆盖合理、灵活机动"的原则，将"道德讲堂"开办至小区门口、闹市路口，拉近与群众的距离。第三，不断创新形式，将"道德讲堂"的声音传到百姓的耳边，形成了立体三维、动静结合的网络。例如，博罗县打造空中道德讲堂和市教育局推进学校道德讲堂建设，已成为惠州市精神文明建设的一大亮点和品牌。第四，为使讲堂具有鲜明特色与个性风格，实现道德宣讲的精准灌输，惠州市还围绕"车间里的价值观""乡村里的价值观""学校里的价值观"，向不同的人群进行有针对性的核心价值观宣传教育。今后"道德讲堂"将继续肩负提高市民群众道德素质的时代使命，进一步丰富讲堂内涵，优化讲堂形式，拓展讲堂功能，放大讲堂效应，打造优秀传统和时代精神兼具的道德文化，在惠州市持续传播道德正能量。①

---

① 关云、余俊波、汪金牛等：《"法德大讲堂"办到家门口》，载《惠州日报》2017年10月31日。

另外，自 2016 年 6 月起，由惠州市司法局、普法办牵头组织开设的"法德大讲堂"，已经覆盖惠州全市各镇（街）、村（居）以及党政群领域、工厂和企业。"法德大讲堂"内容是以法治为准、德治为基础，主讲社会主义核心价值观和法治故事。通过标识、程序、内容和方式的统一，每月安排一场专题宣讲活动，与"道德讲堂"相辅相成、相得益彰。二者作为新形势下法治教育和道德教育最富有生命力的新载体，共同推进全市"法德共治"。①

（4）全面开展网络文明传播。在当今网络信息时代，惠州市一直将网络精神文明建设工作摆在重要位置，充分利用各方面资源与力量，共同构建积极、健康、文明的网络环境，逐步形成多领域、全覆盖、深层次的"文明上网"服务体系，大力倡导推行文明上网，以提升市民的网络文明素质。

首先，惠州市积极开展网络文明传播活动，主要通过微信公众号、微博等网络平台，每年开展数十场网络文明传播线上活动，线上结合中央文明办、地方文明办要求开展具有本地特色的活动，线下与本地主流权威媒体《惠州日报》《东江时报》联动，前期对活动进行造势，后期对活动进行总结宣传报道，形成良好互动，吸引网友进一步关注文明创建的成效，对文明创建工作起到了促进作用。惠州市主要以不断创新形式，结合重大传播活动的主题，来打造具有惠州特色的网络文明传播活动。② 通过此类富有特色、接地气的网络传播活动，凭借网络主旋律，引导网友进一步了解惠州市精神文明建设工作成效，使网友在耳濡目染中受到感染熏陶。比如，惠州市倾力打造"惠人惠语"网络评论品牌，致力于用群众喜闻乐见的网络传播方式，传递文明惠州"好声音"。

其次，惠州文明网持续围绕中国文明网的工作提示要求，围绕重要节

---

① 关云、余俊波、汪金牛等：《"法德大讲堂"办到家门口》，载《惠州日报》2017 年 10 月 31 日。

② 龚妍：《强化网络思维模式　传播文明"好声音"》，载《惠州日报》2020 年 9 月 27 日。

点、文明创建亮点，利用新媒体创新形式开展网络文明传播活动，加强网络文明传播互动性。2018 年以来，惠州文明网开展了"萌娃晒家风""寄语新时代""美翻了，我的村""寄思念话清明""我美丽我独立""不一样的母亲节""做新时代的奋斗者""清明祭英烈""'爸'气端午"等近 60 场线上网络宣传活动。例如，2019 年"我们的节日·清明"开展的"网上祭英烈"网络文明传播活动，就吸引了逾百万人次网友参加，通过网络互动，有效引导网友缅怀先烈、传承英烈精神，立志报效祖国、向上向善；再如，2018 年由惠州市委宣传部、市文明城市工作局、惠城区文明城市工作局主办，惠州文明网通过线上线下发起"我为美丽乡村打 call"系列网络文明传播活动，[①] 活动于 2018 年 5 月在微博发起话题互动，阅读量达 16 万，参与讨论的网友近 500 人次。惠州文明网之后获评"2021 广东十佳网络公益传播典型"。

最后，惠州市委网信办每年组织举办网络安全宣传周，加强网络安全知识宣传和诚信用网、文明办网倡议。比如，在 2019 年的网络安全宣传周期间，惠州市向互联网企业发出网络诚信倡议，与西子湖畔等 10 家重点互联网企业签订了网络诚信倡议书，[②] 呼吁互联网企业要坚持诚信用网、文明办网，加强企业管理，强化社会责任，努力做惠州好网民与诚信好企业。

2. 评选表彰宣扬道德模范

道德模范典型示范性强。2019 年以来，党中央和国务院下发的《中国共产党宣传工作条例》《新时代公民道德建设实施纲要》《新时代爱国主义教育实施纲要》等文件，都要求评选出"热爱祖国，拥护中国共产党领导，树立'四个意识'、坚定'四个自信'、做到'两个维护'，积极践行社会主义核心价值观，在社会公德、职业道德、家庭美德、个人品德建设中事迹突出，具有良好综合道德素质，社会各界和人民群众公认的道

---

① 周丽琴：《我为美丽乡村打 call》，载《惠州日报》2018 年 9 月 30 日。
② 龚妍：《网络安全宣传系列活动持续一周》，载《惠州日报》2019 年 9 月 16 日。

德标杆、文明道德风尚的示范引领者"。① 近年来，惠州市每年都开展评选各类道德模范，开展道德模范宣传学习活动，以大力弘扬共筑美好生活梦想的时代新风，将道德模范的榜样力量转化为广大群众的生动实践，在全市形成崇德向善、见贤思齐、德行天下的浓厚氛围。

（1）深入开展"我推荐、我评议身边好人"、寻找"最美人物""最美家庭""寻找最美道德模范"等活动。2018 年，惠州市承办了全国道德模范与身边好人现场交流活动，受到中央、省市媒体的广泛关注。此后，惠州市持续打造"好人之城"，出台了《惠州市深化"好人之城"建设实施方案》以及关于礼遇帮扶道德模范和"好人"的暂行办法。② 通过有效利用资源，以创新形式活化宣传阵地，利用好人工作室、好人馆、好人文化长廊等平台展示惠州各行各业的各类道德模范与助人为乐、见义勇为、诚实守信、敬业奉献、孝老爱亲五类好人的感人事迹和亮丽风采，③ 着力扩展好人好事好风尚的深度和广度，让广大的惠州市民熟悉了解道德模范、身边好人的先进事迹，充分发挥身边优秀典型示范的引领作用。截至2022 年 1 月，惠州市共有全国道德模范提名奖 6 名，省级道德模范提名奖 8 名，市级道德模范提名奖 40 名；共有"中国好人"40 名，"广东好人"83 名，"惠州好人"936 名。④

（2）推动学雷锋志愿服务制度化、常态化。惠州市文明办、惠州市志愿服务联合会每年都在全市开展年度惠州市"最美志愿者""最佳志愿服务项目""最佳志愿服务组织""最美志愿服务社区""最佳志愿服务站点""最美志愿服务家庭"的宣传、推荐、评选、颁奖活动，并且组织开展"星级志愿者""十优志愿者""每月之星""感动惠州人物""我推

---

① 陈骁鹏：《全城搜寻"最美道德模范"》，载《羊城晚报》2020 年 1 月 8 日。

② 参见文明惠州微信公众号，《惠州摘取全省创文桂冠，好人之城遍结全域创建硕果》，https：//mp.weixin.qq.com/s/KTiqWT622D - JQC_gJ_ - ONw，最后访问日期：2023 年 4 月 28 日。

③ 马海菊：《厚植好人之城土壤 增添文明惠州底色》，载《惠州日报》2020 年 9 月 24 日。

④ 龚妍、卢泓宇：《"好人"带头做公益 榜样带动树新风》，载《惠州日报》2022 年 1 月 24 日。

荐、我评议身边好人"等评选活动，表彰奖励优秀志愿组织和志愿者。截至 2022 年 3 月，惠州市共有一星级志愿者 4103 人、二星级志愿者 2011 人、三星级志愿者 3263 人、四星级志愿者 4128 人、五星级志愿者 5484 人；金奖志愿者 111 人、银奖志愿者 138 人、铜奖志愿者 284 人；一星级志愿服务组织 80 个、二星级志愿服务组织 97 个、三星级志愿服务组织 71 个、四星级志愿服务组织 35 个、五星级志愿服务组织 30 个。①

（3）加大未成年人思想道德建设。为"培养担当民族复兴大任的时代新人"，帮助未成年人"扣好人生第一粒扣子"，锻造中国特色社会主义事业建设者和接班人，惠州市文明办联合惠州市教育局、惠州市人社局、惠州市文广旅体局、共青团惠州市委员会、惠州市妇联、惠州市关工委每年组织开展惠州"新时代好少年"学习宣传活动，推选表彰每年度惠州"新时代好少年"，宣传其先进事迹和高尚品德，引导广大青少年崇德向善、见贤思齐。

（三）行业文明加强教育，志愿服务改善氛围

1. 文明交通

首先，惠州市长期开展文明交通宣传教育活动，丰富文明交通宣传教育形式，以进一步提升广大市民的文明交通素质，着力营造安全、畅通、文明、有序的道路交通环境。惠州市每年开展文明交通宣讲活动。比如，2016 年启动的百场文明交通宣讲，每场不少于 200 人。活动主要是通过知识宣讲、互动展示、实践体验、文艺表演、板报宣传、案例警示等形式，大力宣传《中华人民共和国道路交通安全法》《中华人民共和国道路交通安全法实施条例》《广东省道路交通安全条例》等交通法规；宣传"摒弃交通陋习，安全文明出行"文明交通理念，从而在全社会打造遵守交规、关爱生命、文明礼让、安全和谐的城乡交通环境。② 此外，惠州市

---

① 参见惠州文明网，《志愿红涌动温暖全城　惠州注册志愿者超 127 万人》，http：//hz. wenming. cn/wmsj/202203/t20220311_7517001. htm，最后访问日期：2023 年 4 月 28 日。

② 刘豪伟：《行人不抢行　司机主动让》，载《东江时报》2016 年 10 月 31 日。

文明办、惠州市公安交警部门大力开展文明交通宣传教育活动，依法查处各类交通违法行为，做好路面文明交通劝导教育工作。例如，启用文明交通宣传教育站，开展驾驶人违法记分"满分教育"，交通安全宣讲进校园，以及网络直播交通执法等。[①]

其次，惠州市公安交警部门大力推进"文明交通行动"计划以及开展"交通专项整治行动"：（1）加强整治机动车和非机动车闯红灯、随意掉头、不按规定线路行驶、乱停乱放等不文明现象；（2）加大对行人乱穿马路等不文明行为的教育力度，大力整治"中国式过马路"；（3）全面完善"文明出行"志愿引导服务，做到各个主要的交通路口每天都有志愿者上路服务。尤其是在重大节假日、重大活动或周末，市区部分路口就有不少志愿者，有序引导市民过马路，对个别不遵守交通秩序的市民耐心讲解交通安全法规，以及引导群众安全、文明出行。[②] 通过加强文明交通建设，惠州市广大交通参与者的守法意识、安全意识和文明意识均得到明显提升。

最后，惠州市努力实现文明交通志愿服务常态化。惠州市交通安全宣传志愿服务总队于 2006 年组建，服务总队至今开展了"关爱生命，安全出行""与志愿者同行，向世界说你好""箭牌"文明礼仪推广项目，以及"文明礼让，路路顺畅"等大型志愿服务活动项目，备受广大惠州市民的支持和认可，具有一定的社会影响力。截至 2023 年 4 月，服务总队志愿者已发展至 1200 多人，累计开展活动 5000 余次，向社会派发各种不同形式的交通安全宣传资料 500 万份以上，受惠人数 150 万人以上，影响广泛。[③]

[①] 杨熠：《向不文明交通行为说"不"》，载《惠州日报》2017 年 8 月 23 日。

[②] 刘豪伟：《行人不抢行 司机主动让》，载《东江时报》2016 年 10 月 31 日。

[③] 参见民政部志愿者服务官方网站，《惠州市交通安全宣传志愿服务队》，http://chinavolunteer. mca. gov. cn/site/groupInfo/9015265oooooooooooooooooooooooooooooo/441302000000000000，最后访问日期：2023 年 4 月 28 日。

2. 文明旅游

如今，惠州文明旅游蔚然成风，旅游行业已成为惠州文明形象的窗口。比如，在著名的5A级景区惠州西湖风景名胜区，公益广告和文明旅游宣传语随处可见，并有文明旅游志愿者引导游客有序进入景区。景区内各景点，游客络绎不绝，但地面并未出现垃圾堆积，雕像前也未出现乱攀爬等不文明现象。①

为营造更加文明和谐的旅游环境，提升城市文明形象，惠州持续开展文明旅游宣传活动。惠州市每年都制定"文明旅游工作方案"，全市29个文明旅游联席会议责任单位均按照方案要求及各自工作职责制定了具体实施方案，以多种形式开展文明引导、文明告知、文明提醒、文明规劝、文明志愿服务等宣传教育活动，在一定程度上提升了游客文明旅游素质。②

（1）充分利用"广东省文明旅游信息服务平台"以及市旅游局官方微博、微信公众号、网站，定期制作文明旅游信息。惠州市各级旅游管理部门在节假日、旅游旺季期间，每天在微博、微信公众号上发送文明旅游提示短信，提醒广大市民和游客在欣赏美景的同时，勿忘文明出行，要自觉遵守《中国公民国内旅游文明行为公约》，不大声喧哗，不随地吐痰，不随处扔垃圾，做文明的游客。2017年上半年累计发布"文明旅游"宣传内容5000余条，点击和转发数量达到50万次以上。2017年上半年，惠州旅游微信公众号在中国旅游报公布的全国旅游微信公众号影响力排名，最高排至全国第2位，长期保持在全省前5位。③

（2）联合开展"文明好风景"图文征集活动。惠州市旅游管理部门联合惠州市文明办、惠州文明网开展"文明好风景"图文征集活动，当市民和游客在参观游览时，将惠州景区景点里的文明亮点、文明新风相关

---

① 谭琳：《创新机制实行红黑榜发布制度》，载《惠州日报》2017年7月5日。
② 游璇钰：《好游客好导游成为好风景》，载《惠州日报》2017年7月22日。
③ 刘建威、黄惠群：《营造和谐旅游环境　弘扬文明旅游新风》，载《惠州日报》2018年3月8日。

图文发送到惠州文明网，便有机会获得奖励。群众可以通过随手拍的形式，积极参与传播文明正能量，做文明游客，当好主人，进而树立惠州文明好客服务意识，提升文明旅游素质，营造文明和谐的社会环境和旅游环境。

（3）突出强调各旅游企业做好文明旅游宣传引导工作。惠州市各级旅游管理部门要求各 A 级旅游景区、旅行社、星级饭店要在企业官网、微信公众号、LED 显示屏等视频播放系统、自媒体网络平台上，以及宣传海报、宣传栏上，将社会主义核心价值观、"讲文明树新风"公益广告，以及文明旅游宣传视频等内容滚动播放，要求公益广告占广告内容的1/3以上，播放次数每天不少于 20 次；并且持续播放文明旅游公益宣传广告片、"十大文明旅游提醒语"和"惠州市文明旅游宣传口号"，[①] 积极营造文明旅游的浓厚氛围。

（4）加强开展文明旅游志愿者景区的文明旅游宣传。惠州市的文明旅游志愿者化身为各大景区的一道亮丽风景线，分别在惠州西湖、红花湖、罗浮山等景区开展文明旅游宣传引导活动，帮助景区疏导人流、协助交警维持交通秩序、劝导攀爬雕像的游客、在景区为游客提供义务讲解，引导游客文明出行及宣传旅游安全知识，并向游客派发文明旅游资料，为提升公民的旅游文明素质，共同营造文明和谐的旅游环境作出了积极贡献。罗浮山、南昆山、巽寮湾、双月湾等旅游旺地，常有一些社会志愿服务组织或单位组织的党员干部志愿者前往开展环境清洁、旅游引导等。每逢节假日，还会有交通引导等志愿服务。例如，罗浮山就有来自博罗县的党员志愿者、社会志愿服务组织开展各种环境清洁、文明旅游的志愿服务。而在沿海地区，还有一些志愿服务组织开展海边游玩安全引导、下海游泳安全劝导、应急救护等志愿服务。[②] 截至 2020 年，惠州市文明旅游志

---

① 刘建威、黄惠群：《营造和谐旅游环境 弘扬文明旅游新风》，载《惠州日报》2018 年 3 月 8 日。

② 刘建威、黄惠群：《营造和谐旅游环境 弘扬文明旅游新风》，载《惠州日报》2018 年 3 月 8 日。

愿服务已基本形成了"文明引导处处有，危急救护特应时"的格局。

同时，惠州市不断加强出境组团社文明出游工作。随着惠州市经济持续发展和市民收入水平提高，出市、出省及出国旅游人数越来越多。惠州市旅游管理部门要求各旅行社要把文明旅游作为一项重要工作内容，特别是出境组团社，应当按照《惠州市旅游局关于落实旅游团队文明旅游行前教育、行中引导、行后总结制度的通知》，认真开好行前说明会，并统一制作《惠州市旅游团队出团前说明会记录表》，要求各出境组团社要做好行前培训，填写说明会记录表，提醒游客遵守前往目的地国家和地区的法律法规、民俗习惯，避免因文化差异而导致不文明行为的发生。惠州市旅游局还编印了《中国公民出国（境）旅游文明行为指南》，发放至各出境组团社，再由各出境组团社发给每位出境游客。同时要求旅游机构全程把好各个关口，导游和领队人员切实起到业务工作和文明督导"一岗双责"的作用。①

（四）文明校园逐步创建，师生素质日渐提升

1. 文明校园创建

文明校园创建是创建全国文明城市的重要内容。近年来，为培养社会主义合格接班人，惠州市牢牢抓住立德树人的根本任务，同时注重人本需求，从实际出发，细化创建内容，量化创建指标，推进文明校园创建各项任务落实到位，持续提升师生文明素质和校园文明程度，致力于将校园打造成为全社会提供示范引领的知识的海洋、文明的殿堂，以及道德的高地。惠州市以文明校园创建为重要着力点，综合施策，深入开展文明校园创建活动，充分发挥文明校园在精神文明创建活动中的示范引领作用，校园文明创建初见成效，呈现基础扎实、发展均衡、特色鲜明的新面貌，成为惠州精神文明建设的品牌。为此，惠州市制定了《惠州市文明校园创

---

① 参见文明惠州微信公众号，《惠州多措并举推进文明理念　文明旅游渗入旅游各个环节》，https://mp.weixin.qq.com/s/JXwLD22D3RhCLnnaxYEOww，最后访问日期：2023年4月28日。

建管理办法》，以全面推动中小学校文明校园创建活动全覆盖，促进文明校园创建活动经常化、制度化。

（1）深入开展文明校园创建活动。紧紧把握"六好"（领导班子建设好、思想道德建设好、活动阵地好、教师队伍好、校园文化好、校园环境好）标准，全面推动惠州市高校、中小学校文明校园创建活动全覆盖。同时，以"一训三风"（校训和校风、学风、教风）为抓手，突出办学主体展示，努力实现一校一主题、一级一品牌、一班一特色。2017年7月以来，惠州市在全市中小学组织开展"文明使者微行动，我为创文添光彩"主题教育系列活动（包括"我为城市纠错字，文明创建我行动""我为市容找不足，文明创建我参与""文明亮点随手拍，我为城市添光彩"等），联合市文明办在《惠州日报》《东江时报》等媒体上，向全市中小学生发出"争做文明使者，共护城市文明"的倡议。惠州市中小学生以"惠州是我家"的主人翁姿态、"文明靠大家"的家园意识，积极参与各项活动，倡导树立文明新风，争做文明守礼的引领者、志愿服务的践行者、文明传播的小使者。[1]

（2）大力推进乡村"复兴少年宫"建设。截至2022年1月，惠州市已建成乡村复兴少年宫有192所，乡村（城市）少年宫283所，国家级文明校园3所、省级文明校园4所、市级文明校园223所。[2] 部分学校也形成了自身特色。例如，在荣获"全国文明校园"称号的惠州市十一小学金榜分校的校园内，有着显眼的"慎而思之，勤而行之"的校训，社会主义核心价值观12个主题词在该校也随处可见。该校以"生命、生活、生态"三生教育为办学理念，通过建设社会主义核心价值观宣传广场、东江民俗文化展览室、民族大观园，以及生态种植园等教育设施，巧妙地

---

① 张斐、邵琛、刘洪新：《打造一批"明礼学校"示范点》，载《惠州日报》2017年7月21日。

② 相关资料来源：惠州市精神文明建设委员会办公室编制的《惠州市2021年度精神文明建设工作总结》。

通过宣传和实践养成活动，使社会主义核心价值观进课堂、进教材、进头脑，① 并且取得了不错的效果。

此外，在长效机制落实方面，惠州市按照"每天都是创建日"的要求，继续抓好"我的中国梦"主题教育活动、培育和践行社会主义核心价值观活动；打造一批"明礼学校""诗韵校园"示范点，新创建一批"文明校园""心理健康教育特色校""依法治校示范校""毒品预防教育示范校"；落实一批乡村（城市）学校少年宫品牌项目；做好"旭日奖"评选表彰工作；开展倡导绿色生活反对铺张浪费行动，进一步推动核心价值观融入校内外青少年活动阵地建设。

2. 师生素质提升

（1）提升学生的文明素质。第一，加强校园文化建设。惠州市在全市中小学开展校园文化建设创新升级"六大行动"（包括生态型、人文型物质文化升级大行动；科学化、人性化精神文化升级大行动；法治化、规范化制度文化升级大行动；主体性、创新性行为文化升级大行动；品牌化、高效化课堂文化升级大行动；本土化、特色化课程文化升级大行动），② 充分发挥优秀校园文化在树立和弘扬社会主义核心价值观、营造健康和谐向上的育人氛围等方面的重要作用，初步构建了"一校一品"的校园文化建设格局，惠州市校园文化建设的教育、管理功能更加凸显。其中，惠州市第十一小学金榜分校《"三生"润沃土，文化育新人》荣获全国中小学德育工作优秀案例奖。③ 中央电视台、《中国教育报》和"广东教育"等媒体多次报道，校园文化建设的"惠州模式"享誉全国。

第二，融入核心价值观教育。惠州市持续推进习近平新时代中国特色社会主义思想进课堂、进教材、进头脑、进网络、进学生社区的"五进"工作，加强理想信念教育，培育和践行社会主义核心价值观。惠州市深化

---

① 龚妍：《力争一校一主题一级一品牌》，载《惠州日报》2017年6月17日。

② 付巨晗、袁蕴华：《年内创建20所依法治校示范校》，载《惠州日报》2015年6月8日。

③ 林奶花、邓振武：《我市再添30所"三全"育人示范校》，载《惠州日报》2020年7月20日。

开展"我和我的祖国"主题宣传教育活动，教育学生树牢"四个自信"，组织开展"学习新思想，做好接班人"主题阅读活动、"我和我的祖国"优秀童谣征集传唱活动、"学子献爱心"活动、同上一堂特别思政课和"清明祭英烈"等系列活动，激发惠州市中小学生当好社会主义合格建设者和可靠接班人的使命感。同时开展"我们的节日""少年传承中华传统美德"、中华经典诵读及戏曲、书法、传统体育进校园等活动，引导未成年人继承优良传统、提升道德素养。①

第三，纳入各类示范创建。惠州市将青少年学生的文明习惯养成教育纳入文明校园、"三全"育人示范校等创建工作。截至2022年7月，创建国家级文明校园3所、省级文明校园4所、市级文明校园223所、县级文明校园569所；②截至2022年12月，创建"三全"育人示范校101所、达标校801所。③《中国教育报》以"全员育人浇灌德育之花"为题，《学校品牌管理》杂志以"推进'三全'育人，抒写奋进之笔"为题，专题报道了惠州市"三全"育人工作成效，因教施策确保"一个都不能少"，三方联动共绘育人"同心圆""组合拳"，让育人过程无断点等惠州经验，④引发全国各地关注。

第四，广泛树立学习榜样。惠州市将"积极践行社会主义核心价值观""品德优良""遵纪守法"等评选条件作为新时代好少年、省市级优秀学生、美德少年及未成年人思想道德建设进步"旭日奖"等评选工作的必备条件，在全市青少年学生中树立可亲、可信、可敬、可学的榜样，发挥榜样的示范带动作用，营造崇尚先进、学习先进、争当先进的良好氛围，⑤

---

① 林奶花、邓振武：《播下德育种子　绽放美丽人生》，载《惠州日报》2020年7月24日。

② 涂坚、肖树军：《3年走进百万家庭宣传文明新风尚》，载《惠州日报》2022年7月20日。

③ 涂坚、刘洪新、陈剑等：《讲好讲活思政课让学生终身受益》，载《惠州日报》2022年12月20日。

④ 林奶花、邓振武：《我市再添30所"三全"育人示范校》，载《惠州日报》2020年7月20日。

⑤ 涂坚、郭东平、邓振武等：《立德树人培根铸魂　文明之花绽放校园》，载《惠州日报》2020年9月21日。

促进青少年学生德智体美劳全面发展。

第五，开展多种主题教育。惠州市组织开展文明旅游、文明网络、文明餐桌、文明交通、文明公厕、文明离校等活动，进一步提升青少年学生文明素养。

（2）提升教师的职业道德。第一，落实立德树人根本任务承诺宣誓活动。凡入职惠州市教育系统的教职员工，都要亲自签订立德树人承诺书，并存入个人档案，承诺书要求教师"作风正派，是非分明，诚实守信，知行合一，以言传身教引导学生明大德、守公德、严私德"。宣誓活动每年组织一次，安排在每年秋季开学典礼或结合教师节庆祝大会进行。立德树人承诺宣誓活动由各校组织，全体在职在编和合同制教职工参加。[1] 同时，市、县（区）教育局将各校教职工签订承诺书和开展宣誓的情况，作为开学工作检查的重要内容。此做法得到省教育厅的高度肯定及表扬，并在省教育厅门户网站宣传其经验做法。

第二，开展师德建设主题教育月活动。惠州市将每年9月定为师德建设主题教育月，并且积极组织开展主题教育活动和"中国梦·园丁美"主题系列活动，[2] 通过师德建设集中教育，并与日常培育、树立、宣传、推广教师身边的先进师德典型相结合，充分发挥先进典型人物的引领、示范作用。惠州市教育局每年都认真抓好惠州市教育系统优秀个人和尊师重教先进单位的评优评先工作，对工作表现突出的明星校长、优秀校长、首席教师、优秀教师、优秀班主任、德育工作标兵、教坛新秀、优秀乡村幼儿教师等优秀教育工作者和尊师重教先进单位予以表彰。在评选过程中，惠州市教育局加入征信要求，对诚实守信的单位和个人进行表彰，对违约失信的单位和个人则进行信用修复提醒并取消评优资格，建立诚信激励机制和失信惩戒机制。

---

① 林奶花：《全体教师立德树人宣誓》，载《东江时报》2018年9月4日。
② 参见文明惠州微信公众号，《惠州学校凝聚创建合力，立德树人打造文明校园》，https://mp. weixin. qq. com/s/YkiAhthKo9UmZcFS4TluBw，最后访问日期：2023年4月28日。

第三，建立师德建设监督网络。惠州市着力于建立学校、教师、家长、学生四位一体的师德建设监督网络，进一步加强教师诚信制度建设，建立师德承诺制度和师德师风档案，杜绝教师功利浮躁思想，规范教师从教行为。教育行政部门门户网站、学校网站均有公布监督举报电话，① 市民可通过电话、网络问政等多种渠道对惠州市教师的师德师风进行监督举报。总之，教育行政部门规范受理、调查、处理流程，既对师德失范行为提出警示处理，也为教师维护合法权益提供畅通渠道。

第四，纳入入职招聘要求。在惠州市教师资格认定和市直公办中小学教师招聘中加入了征信要求，要求各应聘者提供个人征信报告，如有失信违约者则不予录用、不予认定，增强应聘者诚信意识与守信意识，把好诚信教师队伍第一关。

（五）志愿服务持续推进，规范建设发展壮大

2021 年以来，惠州市持续开展"平安春运·暖冬行动"文明交通志愿服务活动、"中国梦·美"系列志愿服务活动和抗"疫"行动月活动，② 动员全市志愿服务组织和志愿者积极参与，营造新时代志愿服务的良好社会氛围。2021 年，惠州市各级各类志愿服务组织开展志愿服务活动达 3 万余场次。③ 2022 年，惠州市青年公益力量践行生态环保行动，共开展 794 场"河小青"河湖保护专项志愿活动，1003 场垃圾分类主题宣传活动，317 场"林小青"志愿服务活动，51550 人次志愿者参与；为做好防范青少年溺水工作，共开展 286 场河湖保护暨防溺水宣传志愿服务活动，7989 人次志愿者参与；为关注青少年特别是农村青少年的成长发展，依托芦洲镇芦村、汝湖镇村头村 2 个儿童服务站，通过"社工 + 志愿者"的运营模式，开展成长陪护、心理辅导、安全教育等各类志愿服务及主题

---

① 卢振侠：《全市中小学文明校园创建覆盖率达 100%》，载《惠州日报》2018 年 3 月 8 日。
② 马海菊、龚妍：《志愿服务形成"森林效应"凡人善举托起文明之城》，载《惠州日报》2021 年 9 月 7 日。
③ 相关资料来源：惠州市志愿服务联合会 2022 年编制的《2021 年惠州市志愿服务联合会年鉴》。

活动 538 场，937 人次志愿者参与，惠及当地青少年，特别是留守儿童及困境儿童 11079 人次；为更好发挥志愿服务实践育人功能，促进青少年参与社会治理，在水东街区探索建立了青春社区志愿服务示范站，通过"社工＋志愿者"模式，结对 15 个团组织、6 个少先队组织，鼓励引导青年党员、学生团员、少先队员前往社区报到，以志愿者的身份参与社区建设，共培育孵化了 6 支社区志愿队伍，开展 70 多场专项志愿活动，1500 人次志愿者参与，志愿服务时长 1.2 万小时，服务群众超过 9 万人次。截至 2022 年 12 月 5 日，惠州市全年发布志愿服务项目 76339 个，服务时长超过 1219.2 万小时。①

志愿服务彰显了人与人、人与社会、人与自然之间相互关爱、和谐相处，体现了人际关系中的友爱、奉献、互助、诚信、责任、公平和公正。志愿服务贴合时代发展，不仅符合志愿者的特点和愿望，也为社会公众所广泛接受，产生显著的社会影响，② 是社会主义核心价值观最生动、最直接、最鲜活的实践载体。为规范与优化惠州市志愿服务工作的服务原则、组织管理、志愿者管理、服务项目、服务要求及服务流程，惠州市制定了《惠州市关于推进社区志愿服务的实施方案》《惠州市志愿服务管理暂行办法》《惠州市社区志愿服务标准化暂行办法》《惠州市行业志愿服务标准化暂行办法》《惠州市开展共建"六好"社区志愿服务系列活动的实施方案》《惠州市志愿服务激励回馈优待办法（试行）》等一系列的办法和标准。其中，惠州市志愿服务激励回馈制度受到中国志愿服务联合会的充分肯定。在好人关爱礼遇行动中，将修订完善惠州道德模范和身边好人帮扶办法，包括完善《惠州市志愿者激励回馈优待办法（试行）》，实施《关于实施惠州志愿者守信联合激励加快推进志愿者信用体系建设的行动计划》等，落实好教育服务管理、就业和创新创

---

① 参见惠州市志愿者联合会微信公众号，《国际志愿者日丨数说惠州青年志愿服务这一年》，https：//mp. weixin. qq. com/s/AXTWj5aRNzMQ5ZDoK5aGGg，最后访问日期：2023 年 4 月 28 日。

② 中共中央宣传部宣传教育局、中共中央党校科研部、中国社会科学院科研部、中共四川省委宣传部编：《抗震救灾和恢复重建与社会主义核心价值体系理论研讨会文集》，学习出版社 2011 年版。

业服务、社会保障服务、金融与住房租赁服务、文化生活服务、评先树优等方面的激励措施，树立起"好人有好报、善行有善果"的社会价值导向。[①]

1. 健全制度化、常态化社区志愿服务

惠州市全面落实广东省培育和践行社会主义核心价值观社区示范点对"志愿服务好"的要求，把握社区志愿服务这一重点，针对空巢老人、留守儿童、困难职工、残疾人等特殊群体，广泛开展以社区家政服务、文体活动、心理疏导、医疗保健、法律援助、环境美化等为内容的邻里守望主题志愿服务活动，[②] 扎实推进社区志愿服务制度化建设，推行"党工＋社工＋义工半小时服务圈"，营造"我为人人、人人为我"的社会氛围，建立参与广泛、形式多样、活动频繁、机制健全的社区志愿服务长效机制，将志愿服务常态化做进基层、做进社区、做进家庭。[③]

2. 壮大志愿服务队伍与志愿服务组织

根据惠州志愿服务网数据统计，惠州市 2022 年度累计志愿服务时长 960 万小时。截至 2023 年 2 月 24 日，在惠州志愿服务网注册登记的志愿者共 134.63 万人，约占全市常住人口总数的 22.19%，注册志愿服务组织 6918 个，累计记录志愿服务时长 6283 万小时（居全省第二）。其中，惠城区注册志愿者为 36 万人，占全市注册志愿者约 27%；惠阳区注册志愿者为 17.7 万人，占全市注册志愿者约 13%；惠东县注册志愿者为 21.2 万人，占全市注册志愿者约 16%；博罗县注册志愿者为23.1 万人，占全市注册志愿者约 17%；龙门县注册志愿者为 6.7 万人，占全市注册志愿者约 5%；大亚湾区注册志愿者为 5.9 万人，占全市注册志愿者约 4%；仲恺高新区注册志愿者为 13.1 万人，占全市注册志愿者约 10%；市直单位注册志愿者约为 11 万人，占全市注册志愿者

---

① 徐乐乐：《高水平争创全国文明城市"五连冠"》，载《南方日报》2018 年 3 月 9 日。

② 参见惠城文明微信公众号，《惠城区 18 万志愿者奏响文明曲》，https://mp.weixin.qq.com/s/5cN2OPV6PiepIhZddfvJ0A，最后访问日期：2023 年 4 月 28 日。

③ 马海菊、谢菁菁：《"半小时服务圈"温暖惠城人》，载《惠州日报》2014 年 11 月 6 日。

约8%。①

另外，在注册志愿者中，约54%的志愿者有服务时长，即惠州注册志愿者活跃度接近54%。在有登记服务时长的72.8万名志愿者中，约79%的志愿者（57.5万人）服务时长在100小时以内，约15%的志愿者（10.9万人）服务时长在100小时（含）至300小时（不含），约5%的志愿者（3.76万人）服务时长在300小时（含）至1000小时（不含），约1%的志愿者（0.68万人）服务时长达到1000小时以上。②

随着惠州市志愿服务行业的发展，涌现出一批全国、全省志愿服务典型。据统计，截至2021年7月，惠州市志愿者联合会（以下简称惠志联）、惠州市微笑爱心扶老助学会、惠州市西子公益协会、惠州市博罗县志愿服务联合会荣获全国"最佳志愿服务组织"称号，12个组织被评为省级最佳志愿服务组织，11个组织被评为省级学雷锋示范点，11名个人被评为省级学雷锋标兵，1名个人被评为全国学雷锋标兵。③

3. 完善志愿者激励回馈制度与措施

惠州市长期将建立和完善志愿服务激励回馈制度摆在重要位置，逐步出台志愿服务嘉许激励回馈有关政策。为大力弘扬志愿精神，倡导社会文明风尚，鼓励市民积极参加志愿服务活动，提升志愿服务的社会认同感，以及树立"好人好报"的价值观念，惠州市精神文明建设委员会于2014年制定了《惠州市志愿服务激励回馈优待办法（试行）》，就志愿者在就医、就业、就学、积分入户、享受公共服务等方面提出了18条优惠优待措施。譬如，在就学方面，《惠州市志愿服务激励回馈优待办法（试行）》给予的实惠包括：学生志愿者本人参与志愿服务不低于50小时，就读高

---

① 参见惠州志愿者服务网，《惠州志愿者群像：每5人就有1个志愿者　中青年是中坚力量》，http://zyfw.hznews.com/news/202303/t20230306_1517408.htm，最后访问日期：2023年4月28日。

② 参见惠州志愿者服务网，《惠州志愿者群像：每5人就有1个志愿者　中青年是中坚力量》，http://zyfw.hznews.com/news/202303/t20230306_1517408.htm，最后访问日期：2023年4月28日。

③ 参见惠州志愿者服务网，《志愿者，让文明城市更有温度！》，http://zyfw.hznews.com/news/202108/t20210809_1462789.htm，最后访问日期：2023年4月28日。

中或中职学校，在分数同等条件下可优先录取；在全市中职学校试行把志愿服务列为必修课，要求学生在公益服务上获得4学分才能毕业；为符合条件的星级志愿者提供职业技能培训补贴；为星级志愿者提升文化能力和兴趣爱好提供免费培训机会；各地在制定积分就读公办学校政策时，将志愿服务时长纳入积分；为惠州市星级志愿者在市体育公园A馆篮球馆、B馆健身馆、C馆羽毛球馆提供8.5折优惠。2018年，惠州市继续出台了《关于实施惠州志愿者守信联合激励加快推进志愿者信用体系建设的行动计划》，让志愿者在就医、就业、就学、积分入户、公共服务等方面，享受城市建设发展成果。

除此之外，惠州市还不断制定志愿服务嘉许激励回馈的有关措施，如积极探索志愿服务激励与信用体系融合建设，持续为全市志愿者购买人身意外伤害保险等，从而更好地保障志愿者在参与志愿服务活动中的合法权益，激励更多的志愿者参与文明创建和志愿服务。

2018年，惠州市优秀志愿者激励回馈系列之"公益圆梦·精彩同游"志愿项目正式启动。该项目启动后，主办方将定期安排一条省内外的特色旅行线路，邀请特困群众和惠州市优秀志愿者（包括中国好人、广东好人、惠州好人、季度之星、最美志愿者等）免费出游。同时，发动实名注册志愿者及惠州市民报名参加当期公益旅游圆梦活动，可以享受"旅游圆梦公益价"，以最少的费用，看最美的景色。[1]

2020年12月30日，惠志联与中国人寿财产保险股份有限公司签署了《2021年度惠州市建成区实名注册志愿者意外伤害保险协议》，根据上述协议，每次事故每人死亡、残疾限额为人民币20万元；医疗费用限额为人民币3万元；意外住院津贴为人民币50元/天，累计天数不超过180天。[2]

---

[1] 骆国红、洪纬平：《优秀志愿者免费旅游》，载《东江时报》2018年8月2日。

[2] 参见惠州志愿者服务联合会微信公众号，《广东惠州创新举措回馈志愿者 让志愿力量更有保障》，https://mp.weixin.qq.com/s/FuHy-T_tgzixwRnk1owyGA，最后访问日期：2023年4月28日。

2021 年春节，惠志联开展了走访慰问"道德模范、身边好人"关爱行动，做好新春对联发放，引导企业、商场定期开展志愿者消费优惠活动。①

4. 开展志愿者和志愿服务组织评选活动

2014 年，惠州出台了《惠州市志愿服务记录办法（试行）》，根据志愿者的服务时间和服务质量，凡是参加志愿服务时间累计达到 100 小时、300 小时、600 小时、1000 小时和 1500 小时的志愿者，可以依次申请评定为一到五星级志愿者。② 截至 2022 年 3 月，惠州市共有一星级志愿者 4103 人、二星级志愿者 2011 人、三星级志愿者 3263 人、四星级志愿者 4128 人、五星级志愿者 5484 人；金奖志愿者 111 人、银奖志愿者 138 人、铜奖志愿者 284 人；一星级志愿服务组织 80 个、二星级志愿服务组织 97 个、三星级志愿服务组织 71 个、四星级志愿服务组织 35 个、五星级志愿服务组织 30 个。③

2019 年，惠州市共有 2 名志愿者被评为"广东省最美志愿者"，1 个志愿服务组织（惠州市西子公益协会）被评为"广东省最佳志愿服务组织"，3 个志愿服务项目（"惠州市耳聪工程"贫困耳疾患者医疗救助公益志愿服务项目、慈航公益大型春节探亲日活动、"守护海岸线"惠州项目）被评为"广东省最佳志愿服务项目"，1 个志愿服务社区（仲恺高新区陈江街道曙光社区）被评为"广东省最美志愿服务社区"。④

2021 年，惠志联配合惠州市文明办开展新时代文明实践志愿服务展示交流暨"12·5 国际志愿者日"主题活动，以及志愿服务先进典型评选表彰活动。其中，1 人（惠州首位）入选第六批全国岗位学雷锋标兵，惠

---

① 相关资料来源：惠州市志愿服务联合会 2022 年编制的《2021 年惠州市志愿服务联合会年鉴》。

② 龚妍：《志愿者考高中同等条件优先录取》，载《惠州日报》2014 年 11 月 11 日。

③ 马海菊：《最美志愿红涌动惠州温暖全城》，载《惠州日报》2022 年 3 月 9 日。

④ 参见文明惠州微信公众号，《榜样！惠州 7 个典型入选广东省学雷锋志愿服务先进》，https：//mp. weixin. qq. com/s/alL_Rd7nVBeNmEc14j_ytg，最后访问日期：2023 年 4 月 28 日。

州市博罗县志愿服务联合会荣获全国"最佳志愿服务组织"荣誉；4 人获评 2020 年度广东省"最美志愿者"，博罗县志愿服务联合会获评"最佳志愿服务组织"；惠州市水域救援志愿服务项目"节节高——我们的节日"获评"最佳志愿服务项目"，惠州市惠东县平山街道城南社区、惠州市博罗县罗阳街道观背村获评"最美志愿服务社区"；163 名志愿者获评惠州市五星级金银铜奖荣誉，168 名个人和单位获得惠州市最美志愿者、最佳志愿服务组织等荣誉，26 个岗位学雷锋示范点和 37 名岗位学雷锋标兵受到表彰。①

（六）家庭美德宣扬倡导，社会风尚良好塑造

家庭是社会的细胞，也是人类情感的归宿与心灵的港湾。实践证明，没有家庭的和谐就没有社会的和谐，没有家庭的幸福就没有人民的幸福，没有家庭文明的进步就没有社会文明的进步。良好的家风可以对社会的进步、人性的升华、民族的凝聚、文明的拓展均产生巨大而深刻的影响。习近平总书记多次强调发扬光大中华民族传统家庭美德的重要性，指出："不论时代发生多大变化，不论生活格局发生多大变化，我们都要重视家庭建设，注重家庭、注重家教、注重家风，……使千千万万个家庭成为国家发展、民族进步、社会和谐的重要基点。"②

弘扬家庭美德是贯彻弘扬社会主义核心价值观的重要内容。尊老爱幼、男女平等、夫妻和睦、勤俭持家、邻里团结是我国基本的家庭道德，但在传统与现代、东方与西方各种道德观念的交织与并存下，当代家庭仍存在许多问题，其中主要有：闪婚闪离的流行，家庭的稳定性削弱；家庭暴力在较大范围内存在，家庭的团结和睦遭到破坏；家庭代际关系存在某种错位，爱子有余，尊老不足；"啃老""弃老"现象较为严重；子女教

---

① 相关资料来源：惠州市志愿服务联合会 2022 年编制的《2021 年惠州市志愿服务联合会年鉴》。

② 参见人民网，《习近平：不论时代发生多大变化都要重视家庭建设》，http：//politics. people. com. cn/n/2015/0217/c70731-26580958. html，最后访问日期：2023 年 4 月 28 日。

育重智轻德，娇宠溺爱比较普遍；邻里关系疏远，缺乏友爱互助精神；社会公德意识淡漠，重小家而轻"大家"的个人主义有所发展。上述现象都给家庭美德建设带来不利的影响，更与社会主义核心价值观的贯彻弘扬背道而驰，如何在多元文化交织与道德观念的冲突中，坚持正确导向，是弘扬家庭美德过程中所面临的严峻挑战。[①]

在大力培植家庭美德的当下，惠州市传承中华民族家庭美德、弘扬时代家风，倡导尊老爱幼、男女平等、夫妻和睦、勤俭持家、邻里团结，着力培育优良家风，推动形成爱国爱家、相亲相爱、向上向善、共建共享的社会主义家庭文明新风尚。同时，加强家庭教育，促进下一代健康成长；深入推进家庭文明创建，营造环境熏陶，发挥典型引领，拓展阵地平台，促进实践养成。

惠州市以弘扬社会主义核心价值观为根本，广泛开展"文明家庭""最美家庭""星级文明户"创建评选活动，开展形式多样的"寻找最美家庭"系列活动，开展"德润家庭""智启家教""廉洁家风"系列活动，以及在重要传统节日和时间节点举办丰富多彩的家庭文明建设活动，连续多年举办家庭文化节。同时，大力宣传文明家庭事迹，刊播家风家教公益广告，运用新媒体广泛开展家庭伦理、家庭教育、家风文化等宣传，[②] 推动形成爱国爱家、相亲相爱、向上向善、共建共享的社会主义家庭文明新风尚。2021 年，评选各级"最美家庭"（文明家庭）2100 余户，其中 9 户家庭获评全国、全省"最美家庭"及省"十大优秀书香家庭"。惠州市妇联、惠州市纪委开展"树廉洁家风，创平安家庭"活动，惠州市妇联、惠州市委政法委开展"廉内助"行动，推动领导干部与家属廉洁治家。

惠州市持续探索志愿服务参与家庭家教家风建设新模式，完善志愿服

---

① 尹海莲：《注重家庭注重家教注重家风》，载《新湘评论》2016 年第 2 期。
② 龚妍：《岭东雄郡摘取全省创文桂冠　好人之城遍结全域创建硕果》，载《惠州日报》2019 年 4 月 12 日。

务工作机制。惠州市妇联巾帼志愿服务队每月开展"中国梦·美"系列活动，采取"党工+社工+志愿者"与"社工+志愿者"联动工作机制，为社区居民提供文体活动、心理疏导、医疗保健、法律援助等方面的志愿服务，常态化开展"邻里守望·姐妹相助"主题志愿服务活动。①

此外，在惠州市长期重视农村家庭美德建设下，涌现出了一批在尊老爱幼、男女平等、夫妻和睦、勤俭持家、邻里互助方面表现良好的村庄。例如，2016年，博罗县的2个村被评为"广东省家庭文明建设示范点"。第一个村是博罗县长宁镇松树岗村。博罗县长宁镇松树岗村是革命老区村，以道德讲堂为载体，开设了各类讲座，内容包括传统文化、家庭美德、社会公德、职业道德、法律知识等。为使传统美德分布式融入农民生活，在村委会办公大楼走廊、过道、楼梯口、博仁文化学堂、图书阅览室、广场入口处悬挂有关传统文化的格言、警句等宣传画。同时邀请惠州市美术家协会、东坡文化协会来村里作画，在村主干道两旁围墙上作画，包括100多幅客家文化图、客家谚语图、客家家庭生活图和客家传统器具图等有传统文化内涵的画像。墙画的内容包含家庭文明建设、平安文化、家庭美德、村规民约等。另外，该村还发起寻找"最美家庭"活动，最终评选出夫妻和睦、孝老爱幼等8类"最美家庭"和2户"勤劳致富"家庭。第二个村是博罗县罗阳镇观背村。博罗县罗阳镇观背村是千年古村，设立法德大讲堂，每周邀请学者以"学习传统文化正心修身齐家"为主题给村民开讲，大力宣传家庭美德和家庭文明理念。此外，观背村还积极创建五好文明家庭，近年来，先后开展了"文明家庭""最美家庭"以及"好父亲""好母亲""好媳妇""好婆婆"等评选活动。②

（七）文明村镇全面覆盖，乡风建设硕果颇丰

2017年，为进一步深化文明创建向基层延伸，惠州市印发了《关于

①　马海菊、林飞云：《线上线下结合加强家庭教育》，载《惠州日报》2016年8月4日。
②　龚妍、谭芸：《观背村松树岗村获命名省家庭文明建设示范点》，载《惠州日报》2016年3月12日。

在全市农村开展文明乡风建设活动的实施方案》，强调按照"生产发展、生活宽裕、乡风文明、村容整治、管理民主"社会主义新农村建设的总体要求，紧紧围绕培育和践行社会主义核心价值观这个根本任务，以美丽乡村建设为主题，进一步深化农村精神文明建设，着力纯正党风、敦化民风、注重家风、培育新风，以有力提升文明乡风，促进农村"两个文明"建设全面发展。

2018 年，惠州市继续印发《惠州市乡风文明建设提升行动实施方案》，提出要大力实施社会主义核心价值观培育提升行动、农民思想道德建设提升行动、良好社会风尚引领提升行动、公共文化服务优化提升行动，在补短板上下功夫，在强基础上谋实效，大力实施乡风文明建设"四大行动"和"惠生活　惠美丽"绿色行动，打造"一镇村一品牌、一镇村一特色"，实现全市农村人文美、风尚美、文化美，全面深化农村精神文明建设。《惠州市乡风文明建设提升行动实施方案》中提出了明确目标：到 2020 年底，进一步完善惠州特色的农村精神文明建设常态管理机制，全市文明村镇覆盖率达 100%。[①] 截至 2020 年底，惠州市共有 6 个全国文明村镇、13 个省文明村镇、207 个市文明村镇。[②]

此外，惠州市近年来还大力推进农村"厕所革命"，先后印发了《惠州市"厕所革命"新三年行动计划（2018—2020 年）实施方案》《惠州市 2022—2025 年农村厕所革命工作方案》等文件，建档立卡摸清任务底数。2019 年，新建改建农村公厕 143 座，无害化卫生户厕改造 787 户。2021 年，按照惠州市农村问题厕所摸排整改方案，惠州市累计摸排约 45 万个户厕，发现各类问题户厕 771 个；完成 2057 座农村公厕（包含村委会等附属公厕）摸排工作，发现问题公厕 20 个，均已完成整改，[③] 农村无害化卫生户厕普及率达 100%。截至 2021 年 3 月，惠州市累计建成农村

---

①　龚妍：《2020 年实现全市文明村镇全覆盖》，载《惠州日报》2018 年 11 月 14 日。

②　刘建威、谢菁菁、朱丽婷等：《培育新乡风激发精气神》，载《惠州日报》2020 年 9 月 23 日。

③　李鹏、黎秀敏、黄海林等：《推进富民产业　建设幸福乡村》，载《南方都市报》2022 年 3 月 31 日。

公厕 824 座，完成户厕改造 55 万户，所有村庄基本达到干净整洁村标准。①

（八）核心价值深入挖掘，社区文明成就不断

社区是一个聚居在一定地域范围内的人们所组成的社会生活共同体。它是城市的细胞，是居民的生活基地，也是整个社会的缩影。加强社区精神文明建设是建设现代化城市的必然选择，以及落实城市管理目标的重要举措。社区精神文明建设内容繁多，包括社区思想建设、社区文化建设、社区卫生建设、社区环境建设、社区治安建设。具体涵盖社区居民综合文化素质的培养，法律意识、民主意识以及教育、科技、生态和审美等意识的加强，家庭美德、职业道德和社会公德水平的提高，社会福利、社会保障和社会救济的实施，美化居住环境以及人际关系的改善，等等。惠州市高度重视社区精神文明建设，其中，"惠州市物业管理条例"与"惠州市养犬管理条例"等与社区建设相关的法规都已经进入了立法程序。

惠州市社区精神文明建设至今取得了骄人的成就，并且积累了宝贵的经验。以惠州市惠城区为例。社区作为文明创建工作的基础单位，惠城区一直予以高度重视，并大力推进文明示范社区的建设。近年来，惠城区坚持在社会管理服务中融入培育和践行社会主义核心价值观活动，全面提升居民道德素质和社区文明度，每年投入 2000 多万元，用于实施社区"五个一批"工程和"六个一"标准化建设，保障创建工作顺利推进。截至 2016 年，全区已经有 39 个城市社区荣获市文明创建示范点称号，6 个社区荣获市文明创建示范先进典型社区称号，惠城区也荣获了"全国和谐社区建设示范区"称号。②惠城区以文明社区创建工作作为创建全国文明城市的基础工程来抓，已经初步探索出一条具有惠城特色的文明社区建设的新路子。③

---

① 参见惠州市人民政府官网，《2021 年惠州市政府工作报告》，http：//www. huizhou. gov. cn/gkmlpt/content/4/4205/post_4205680. html#873，最后访问日期：2023 年 4 月 28 日。

② 参见惠城发布微信公众号，《惠城初步探索出特色文明社区建设新路 39 社区获评市文明创建示范点》，https：//mp. weixin. qq. com/s/rjHy3jmktK42N5fwAWolwQ，最后访问日期：2023 年 4 月 28 日。

③ 徐乐乐：《500 文明示范点 培育 30 先进典型》，载《南方日报》2015 年 7 月 8 日。

此外，惠城区以社会主义核心价值观 12 个主题词为主要内容，深入挖掘运用中华优秀传统文化、惠州本土文化、客家谚语、贤良故事，结合场景实际，除了在各镇（街）做主题宣传，还在社区打造一批档次高、品位高、固态化的社会主义核心价值观示范点，并突出"一社区一道德文化品牌"，以便让群众更易于理解社会主义核心价值观的精髓。① 惠城区将不同的主题和不同的载体融入核心价值观示范社区，如新联社区以"家"文化为主题，宣传家园文化；东湖社区以"和"文化为主题，倡导共建和谐家园；金湖社区以"信"文化为主题，突出培育诚信立身文明风尚；上湖塘社区以"善"文化为主题，引导居民善行立德；文昌社区以"礼"文化为主题，宣传崇文尚礼；水北社区以"孝"文化为主题，弘扬爱老孝老传统美德；麦地社区以"仁"文化为主题，弘扬仁爱共融。惠城区将在核心价值观示范社区的基础上，以点带面，逐步推进核心价值观社区的建设，努力确保每个社区配有一个道德文化品牌，形成崇德向善、文明知礼、邻里守望的社会风尚。②

（九）健康生活积极倡导，文明习惯宣传培育

文明健康、绿色环保的生活方式，是指在衣、食、住、行、游等方面遵循勤俭节约、绿色低碳、文明健康要求的生活方式。倡导文明健康、绿色环保的生活方式，对于深入开展爱国卫生运动、保护自然生态环境、培养良好生活卫生习惯、实现人民美好生活向往都具有广泛而深刻的影响。2020 年，习近平总书记强调，新时代开展爱国卫生运动，要坚持预防为主，创新方式方法，推进城乡环境整治，完善公共卫生设施，大力开展健康知识普及，倡导文明健康、绿色环保的生活方式。③ 生活方式不仅是个人及其家庭日常生活行为的映射，也是一个国家、一个民族的公民文明素

---

① 郑国瑞、王春凤：《创新形式传播正能量　市民熟记核心价值观》，载《惠州日报》2017 年 7 月 10 日。

② 香金群、谢勇东：《"善"字墙遍布上湖塘社区》，载《东江时报》2017 年 7 月 25 日。

③ 参见人民网，《坚持预防为主，创新发展爱国卫生运动》，http://theory.people.com.cn/nl/2020/0610/c40531 - 31741111.html，最后访问日期：2023 年 4 月 28 日。

养和社会文明程度的集中体现。

长期以来，惠州市大力开展健康知识普及，倡导文明健康、绿色环保的生活方式。为改变饮食陋习，防范病从口入，维护国家公共卫生安全和人民身体健康，在全社会塑造文明、科学、理性、健康的餐饮消费理念。

2012 年 6 月，惠州市委宣传部、惠州市文明局、惠州市食品药品监管局、惠州市旅游局、惠州市工商局联合发出了"惠州市文明餐桌行动倡议书"，倡导节俭用餐行为，确保安全卫生用餐，引导科学健康饮食。近年来，为推进市民养成文明健康生活习惯，惠州市委宣传部、惠州市精神文明建设委员会办公室倡导市民养成"戴口罩、勤洗手、常消毒，少移动、少聚会、少汇集，不随地吐痰、不乱扔垃圾、不食野味"等良好生活习惯，自觉维护公共卫生健康；推行"文明始于心·健康始于行——公筷公勺行动"，向市民发出自觉规范鼓励使用公筷公勺的倡议；开展"文明餐桌"示范评选，发挥先进典型的示范带头作用，引导全社会践行"公筷公勺、文明用餐"的健康饮食方式，革除陋习，禁食野味，树立新风。

2020 年，新冠肺炎疫情大规模暴发，肆虐全球，成为防控难度极大的重大突发公共卫生事件。它不仅是对每个人身心健康的考验，而且是一次对人们的生活方式的深刻警醒，更加突出了健康文明生活方式的重要性。根据广东省文明委部署，惠州市开展了倡导文明健康绿色环保生活方式"七大行动"，推动全社会向文明健康、绿色环保的生活方式转变。这"七大行动"包括：文明餐饮推广行动、环境卫生提升行动、文明出行倡导行动、绿色生活普及行动、移风易俗深化行动、文明娱乐规范行动、心理健康促进行动，引导全市人民增强健康理念、养成健康生活习惯，自觉做文明生活的倡导者、时代新风的传播者、美好环境的捍卫者、健康广东的建设者。[①]

---

① 龚妍、香金群：《惠州打造全国文明城市"升级版"》，载《惠州日报》2020 年 7 月 20 日。

（十）文明实践扎实推进，试点工作夯实基础

惠州市坚持市县镇村"四级"书记主抓，按照"探索先行、示范带动、分类指导、整体推进"工作思路，努力完善运行机制、加强资源融合、强化服务队伍、探索资金保障、打造品牌项目，持续推动新时代文明实践中心建设提质增效、走深走实。①

第一，惠州市全方位、多维度扎实推进新时代文明实践中心建设试点工作。截至 2022 年 1 月，惠州市各县（区）均已建立新时代文明实践中心，建成乡镇（街道）实践所 75 个，覆盖率为 95%；建成行政村（社区）实践站 1234 个，覆盖率为 90%；拓展形成"中心、所、站、基地、点、户"六级阵地网络，真正把阵地建到群众"家门口"，使党的创新理论及时传播，思想政治工作不断夯实，志愿服务广泛开展，文化生活丰富活跃，时代新风得到弘扬。截至 2021 年 11 月，惠州市有 2 个全国试点（博罗县、惠东县）、2 个省级试点（龙门县、惠城区）、3 个市级试点（惠阳区、大亚湾开发区、仲恺高新区），全市共建成新时代文明实践中心（所、站）1316 个，3 个县（区）探索成立新时代文明实践基金，筹集资金达到 7600 余万元，4 个县（区）建成文明实践云平台，全市成立文明实践志愿服务队伍 3380 支，开展文明实践活动 12 万余场次，服务群众 300 万余人次。②

第二，惠州市积极总结梳理文明实践中心建设的经验与成效，多形式、多渠道宣传分享新时代文明实践中心建设的有效路径。2021 年 3 月 4 日、5 月 12 日，博罗县先后在中宣部召开的拓展新时代文明实践中心建设座谈会、推进新时代文明实践中心建设试点工作电视电话会上作典型发言，向全国分享博罗县新时代文明实践中心建设试点的经验与成效。此

---

① 相关资料来源：惠州市精神文明建设委员会办公室编制的《惠州市 2021 年度精神文明建设工作总结》。

② 龚妍、谭琳、刘炜炜：《提升软实力焕发岭东名郡时尚魅力》，载《惠州日报》2021 年 11 月 30 日。

外，《文明实践基金的"三部曲"》《聚焦传播党的创新理论的实践探索》工作案例分别入选中央文明办编印出版的《建设新时代文明实践中心工作方法 100 例》《建设新时代文明实践中心怎么干》。①

（十一）政府各部门联动协作，不文明行为有效整治

惠州市每年都开展对不文明行为的专项整治行动，以不断提升市民文明素养及社会文明程度，巩固"全国文明城市"的创建成果。

2013 年 8 月，惠州市制定了《惠州市市区"三乱两随"不文明行为专项整治行动方案》，对"三乱两随"〔乱丢纸屑、乱扔烟头、乱扔果皮、随地吐痰、随地便溺（含宠物）〕不文明行为进行了专项整治行动。

2014 年，惠州市启动了"七大整治百日行动"，在交通秩序整治行动中，重点整治人车不文明交通现象；在环境卫生整治行动中，要求每月整治 3—5 个卫生死角；在市容市貌整治行动中，重点查处"六乱一跨""三乱两随"；在社会矛盾化解整治行动中，要求每月组织 2 次清查行动；在集贸市场整治行动中，重点整治擅设小市场临时摆卖点；在窗口服务整治行动中，要求各行业主管部门对照行业标准进行整改提高，狠抓热点难点问题的全面解决；在社区管理整治行动中，要求加强社区建设，加大对社区、小区环境卫生、楼道卫生、公共设施和服务的监管。

2019 年，惠城区、惠阳区开展的"三清三拆三整治"活动、惠东县开展的"十大整治提升行动"、仲恺高新区开展的"城市面貌攻坚战"，推动解决了一大批群众反映的社会不文明的突出问题。为扎实整治社会与行业领域的不文明行为，惠州市还积极创新督查督办方式方法，充分发挥"三大督办"和常态督查微信群的作用，推动了 400 多个突出问题的高效处理。各地也创新督查方式方法，例如，龙门县整合"两代表一委员"、新闻媒体等力量，惠东县组建"文明督查骑行队""志愿者督查队"，大

---

① 相关资料来源：惠州市精神文明建设委员会办公室编制的《惠州市 2021 年度精神文明建设工作总结》。

亚湾区采用挂图作战、微信随手拍等方式开展常态化督查，惠阳区开设"惠阳文明视窗"栏目定期曝光不文明行为等，有力促进城乡精神文明面貌的改善。①

2021 年，惠州市卫健局牵头抓总，一方面注重协调各方力量参与城市卫生治理，加强督导，及时协调解决存在的问题；另一方面担负起卫健系统行业职责，提出医疗卫生机构"不扣分、得满分"、卫生行业监管"少丢分、得高分"的工作目标。大力加强健康教育宣传、控烟和医疗机构卫生工作。深入一线检查指导病媒生物防制工作，采取多种措施消除病媒生物滋生环境，高标准通过省病媒生物防制检查。其他各部门积极配合，主动作为。惠州市市场监管局加强农贸市场综合整治，严格实行"一场一策"，加大农贸市场和食品生产经营单位检查频次，严格落实整改和惩处，有效规范了市场秩序。惠州市城管执法局结合深入开展"打造最干净整洁城市"行动，加强城市卫生执法，共查处非法倾倒固废案件 307 宗、涉案车辆 312 辆；开展学校及市场周边等重点区域"六乱一跨"市容秩序集中整治行动，查扣流动摆卖车辆 32 台；充分运用智慧城管平台，通过"惠民城管通"移交转办城市管理问题线索 3079 宗，完成处置 2183 宗，处置率达 70.9%。惠州市市容环境卫生事务中心加大环卫保洁力度，更新果皮箱 3000 个，投入新垃圾收集设施超 3 万个，增配各类垃圾运输车 168 辆。惠州市市政园林事务中心重点对主次干道、公园景点开展道路修补和绿化修复工作，累计维修主次干道、人行道破损路面超过 10 万平方米。惠州市生态环境局、惠州市水利局着力于 27 条城市建成区黑臭水体和"两江四岸"整治工作，以优质整洁的水体标准守护了惠州的碧水蓝天。惠州市住建局严格落实扬尘防治"七个 100%"措施，加强物业小区、建筑工地抽查整治。惠州市各卫生监督所采取"各区分组、市区定人"的方式开展"四小"重点场所的排查整改，发出责令限期整

---

① 龚妍：《岭东雄郡摘取全省创文桂冠　好人之城遍结全域创建硕果》，载《惠州日报》2019年4月12日。

改意见书 4000 多份，责令整改单位数 1400 多间次，立案处罚逾期不整改公共场所 3 宗。①

另外，惠州市各辖区因地制宜，因地施策，采取多种措施抓实巩卫各项工作。惠城区作为巩卫主阵地、迎检主战场，注重加强对城中村、老旧小区、农贸市场、城乡接合部等顽疾区域进行重点监管和铁腕治理；对常态化问题敢于动真格、出硬招，惠城区纪委主动介入，建立约谈机制，以奖惩促担当作为。惠阳区对部分老旧农贸市场、居民小区进行微改造，收到旧貌换新颜的整治效果，同时采取"应划尽划"原则，对主次干道、背街小巷两侧人行道、开放性小区、公园广场、市场等重要点位周边较为宽阔的区域划位泊车，最大限度扩充车位，解决乱停乱放问题。仲恺高新区利用智慧环卫指挥调度系统，实施各片区卫生情况线上监管和环卫设施线下动态调度，整合资源适时保洁。大亚湾区和惠城区主动聘请第三方测评公司，对辖区各街道巩卫工作进行评审排名，有效促进各下属单位竞相抓落实局面。

各重点街道更是充分体现责任主体意识，部分街道、社区甚至采取"白加黑""5 + 2"的超常规工作模式加强卫生整治。江北街道地处市行政中心，是重点中的核心。街道党委高位布局、全民动员，党员干部一线带头、率先垂范，围绕为惠州市政府周边打造出一道亮丽的风景线，为迎检工作争分添彩；小金口街道针对火车北站周边卫生死角难以界定责任主体的"老、大、难"问题，不等不靠、主动管护，充分体现出守土有责的政治担当；江南街道祝屋巷文创街区持续升级改造基础设施，旧貌换新颜，成为游客品读"惠州印象"的热门打卡点；淡水街道投入 2000 多万元引进智慧治理平台，采取线上监控和线下执法的方式开展综合治理，每周线上监控采集问题超过 1500 宗，整改率达到 90% 以上。②

---

① 相关资料来源：《惠州市 2021 年全国文明城市年度测评工作总结》。
② 相关资料来源：《惠州市 2021 年全国文明城市年度测评工作总结》。

二、惠州市文明城市创建取得的主要成果

(一) 惠州市实现全域文明创建"满堂红"

惠州市多年来致力于擦亮"惠民之州"品牌，建设更加幸福国内一流城市。惠州市以创聚力，持续推动文明创建迈向纵深，打造城市品质"精度"、城市颜值"亮度"、城市精神"深度"，不断凝聚竞逐一流的精神动力，逐渐提升市民的幸福感和获得感，改善城市环境卫生，深化乡村文明建设，以及强化志愿服务。经过多年的建设发展，惠州市进入了城市品质大提升阶段，文明成果丰硕，现已获得全国知名的文明之城、好人之城、生态之城、幸福之城、惠民之州等荣誉，并获得了国家历史文化名城、全国双拥模范城、国家卫生城市、中国人居环境范例奖、中国最具幸福感城市、全国民生改善典范城市、中国十佳宜居城市、全国社会管理综合治理优秀城市、中国最安全城市等荣誉称号。惠州市还将再接再厉，不断深化文明城市创建内涵，着力塑造与国内一流城市相匹配的城市文明气质，推动文明创建与文明实践继续落实落细、向纵深推进。[①] 惠州市提出要以永不懈怠的精神，以建设"更加幸福国内一流城市"为目标，切实增强惠州市推进社会主义核心价值观建设的思想自觉和行动自觉，持续推进社会文明建设。

1999 年，惠州市提出创建全国文明城市，经过 10 年不懈奋斗，于 2009 年成功捧回"全国文明城市"这块金字招牌。自此，惠州市就与"全国文明城市"联系在一起。近年来，惠州市将创建文明城市作为推动经济社会发展的重要载体，作为建设"惠民之州"的有效抓手，紧紧围绕"创建促和谐、和谐促发展"这一主题，始终坚持"创建为了群众、创建依靠群众、创建成果由全市人民共享"的理念，统筹兼顾、统筹谋划、统筹推进全国文明城市创建工作，取得了显著成效。

---

① 龚妍：《惠州第五次蝉联全国文明城市桂冠》，载《惠州日报》2020 年 11 月 21 日。

2017年，惠州市以高水平夺取了全国文明城市"四连冠"，博罗县、龙门县入选全国文明城市（县级），惠东县作为广东省文明县城，也已经获得全国县级文明城市提名资格，实现了全域文明创建"满堂红"。这不仅为广东省争得了荣誉，更为全省深化文明创建工作贡献了宝贵的经验。

2018年，在广东省文明城市创建以及未成年人思想道德建设工作年度测评中，惠州市成绩均位列全省地级市（全国文明城市）第一，其中龙门县均位列全省（全国县级文明城市）第一，博罗县均位列全省（全国县级文明城市）第三，惠东县均位列全省（全国县级文明城市提名城市）第二。[1]

2020年11月，惠州市、龙门县、博罗县顺利通过第六届全国文明城市复查，保留荣誉称号。惠州市第五次蝉联全国文明城市桂冠，博罗县、龙门县第二次蝉联全国县级文明城市桂冠。全国文明城市是我国目前含金量最高的城市综合性荣誉，此称号也凝聚了广大惠州市民的辛勤劳动和不懈付出。

（二）惠州市民的城市文明认同度"节节高"

多年来，惠州市以创建文明城市为载体和抓手，整体文明氛围日渐趋好，市民认同度不断提高。

2013年，《东江时报》和"今日惠州网"联合发起了"市民最反感的不文明行为"网络问卷调查。在调查中，过半数的网民给惠州城市文明打了好评，其中，48.64%的受访者认为惠州市整体文明情况较好，5.4%的受访者大赞"很好"。同时，也有36.46%的受访者认为惠州市整体文明情况"一般"，有待进步。此外，约9.5%的受访者对惠州市整体文明程度给出了差评。

2017年，惠州市委托的第三方社调机构模拟调查显示，市民对创建

---

[1] 龚妍：《岭东雄郡摘取全省创文桂冠 好人之城遍结全域创建硕果》，载《惠州日报》2019年4月12日。

文明城市的知晓率、支持率、满意率平均达到 90% 以上，体现了市民对文明创建成果的广泛认同。[①]

2020 年的立法调研的调查问卷中，关于"您觉得惠州市的文明程度如何？"的回答统计结果，35.95% 的受访者认为"很好"，32.36% 的受访者认为"较好"，29.14% 的受访者认为"一般"，2.23% 的受访者认为"较差"或"很差"。[②] 可见，惠州市文明创建成果的市民认可度整体呈上升趋势。

（三）惠州市擦亮文明城市"金字招牌"

全国文明城市称号是惠州的"金字招牌"，持续抓好文明城市创建才能实现惠州高质量跨越式发展、建设更加幸福国内一流城市。惠州市各级各部门应当以习近平新时代中国特色社会主义思想为指导，深刻认识创建全国文明城市的重要意义，立足力争实现"全省首个全国文明城市全域覆盖的地级市"创建目标，全力以赴推进文明创建各项工作不断迈向深入。

实际上，全域文明创建不仅要覆盖各个地域，更要渗透到每个"细胞"。惠州市"全域文明"的图景正是由一个个文明"细胞"勾勒出来的。在贯彻中央、省委关于群众性精神文明创建工作的决策部署基础上，惠州市通过抓好文明城市创建龙头、补齐文明村镇创建短板、打造文明单位创建品牌、夯实文明家庭创建基础、强化文明校园创建影响等措施，激活每一个文明创建"细胞"，将文明的雨露滋润到细处，着力实现"全国文明城市"创建全面覆盖。[③]

此外，惠州市按照为民利民惠民创建理念，坚持问题导向，深化长效机制，将文明创建纳入经济社会发展全局通盘谋划，与文明实践活动、社会治理创新相结合一体推进，形成了全域覆盖、全市发力、全民参与的共建共治共享工作格局，持续巩固提升全国文明城市创建成果，连续 5 次取得"全国文明城市"称号。实践充分说明，坚定不移推进文明创建，牢牢守住

---

①　侯县军：《惠州实现全国文明城市"四连冠"》，载《东江时报》2017 年 11 月 15 日。

②　参见附件 5《调查问卷分析报告》。

③　龚妍、香金群：《惠州打造全国文明城市"升级版"》，载《惠州日报》2020 年 7 月 20 日。

惠州全国文明城市"金牌",就能为全面提升城市文明水平与综合竞争力,以及为加快建设更加幸福国内一流城市,提供坚实的思想根基、强大精神动力和牢靠道德支撑。文明城市创建有利于推动经济高质量发展。人类历史上,尤其是近现代以来的科技发明创造、产业技术革新,基本是以城市为载体。某种程度而言,城市是以创新为引领的高质量发展的孵化器,甚至可以说,城市文明的进步及其所蕴含的创新创造力承载着一个国家高质量发展的希望。而从测评层面看,创建文明城市的基础性指标包括政务环境、市场环境、法治环境,对地方营商环境提出了更高要求。一方面通过创建文明城市能够优化营商环境,降低企业成本,吸引投资进入,进而推动城市经济加快发展;另一方面创建文明城市将提升城市的吸引力与魅力指数,让更多的人才资源汇入城市,也为创新发展注入源源不断的驱动力。

三、惠州市文明行为促进的现存问题

当前,惠州市精神文明建设取得了一定成就,市民文明行为程度大幅提升,但仍然存在一些明显的问题和短板,与新时代领跑全省精神文明建设的要求依然存在不小的差距。根据调研情况来看,在社会生活诸多领域仍存在一些不文明现象。在立法调查问卷中,关于"您认为下列哪些不文明行为在惠州市较为突出"的问题,所有选项均有受访者选择。其中,"随地吐痰、便溺,乱扔乱倒废弃物"和"遛犬不牵引,犬粪便不清理,违规饲养大型犬、烈性犬"两类生活中最常见的不文明行为的比例最高。这说明惠州市的不文明行为仍然常见、突出。关于"您认为惠州市不文明行为主要发生在哪些场所"的问题,"公园、广场等休闲场所""小区、居民楼""餐饮场所"的选择人数最多,分别占总选择人数的79.37%、52.31%、47.94%。① 可见,惠州市民所关注的不文明现象主要发生在人流密集的公共场所。大亚湾精神文明专项调查显示,82%的受访者认为市

---

① 参见附件5《调查问卷分析报告》。

民群众的文明素质还有待提高，不遵守基本公共秩序、不遵守基本文明行为准则的现象还不同程度存在，随地吐痰、乱扔垃圾、闯红灯等不文明现象还时有发生，未得到有效根治；86%的受访者认为市民群众的公共意识较差，一些地方存在环境卫生脏乱差现象。上述的各类问题都说明了惠州市文明创建工作有待进一步推进，城市的整体形象有待进一步优化，以及市民的文明素质有待进一步提升。

（一）五类广泛存在的不文明行为

在"惠州市文明行为促进条例"立法问卷调查中，"随地吐痰、便溺，乱扔乱倒废弃物""遛犬不牵引，犬粪便不清理，违规饲养大型犬、烈性犬""不遵守交通信号灯，乱穿马路，翻越交通护栏"等不文明行为屡禁不止，占比最高，市民反映更为强烈。[①] 目前，惠州市主要存在以下五类较为突出的不文明行为。

第一类是与惠州文明城市形象不相符、不匹配的问题。比如，在公众场所穿睡衣、袒胸赤膊或穿着不雅；说脏话粗话；随地吐痰、便溺，乱扔乱倒废弃物；插队；在公共建筑上乱写乱画、乱贴小广告等。

第二类是市民群众普遍厌恶、影响幸福感的问题。比如，遛犬不牵引，犬粪便不清理；宠物扰人或任由宠物随处大小便；广场舞扰民；社区楼道内乱堆乱放杂物；在规定禁止吸烟的公共场所吸烟；从楼上往下抛物；制造噪声深夜扰民；在影剧院大声聊天或接听电话；观看体育比赛或文艺演出时大声喧哗，比赛结束不带走随身垃圾等。此类不文明行为模糊了私权与公权的界限，对公共利益、他人合法权益造成了侵害。

第三类是属于顽瘴痼疾、积弊已久的问题。比如，行人或非机动车不按交通信号灯通行，乱穿马路，翻越交通护栏；机动车乱停靠、乱鸣笛、斑马线前不礼让；乘坐公共交通工具时不排队，霸占座位；践踏花草，破坏绿化，侵占或故意损坏公物等。针对此类不文明行为多年来持续整治，

---

① 参见附件5《调查问卷分析报告》。

仍没有根治。

公共交通领域的不文明现象尤为突出，许多都是沉疴宿疾。比如，闯红灯；逆向行驶；不依序停车排队等候红绿灯、乱插队；违反道路指示标志闯禁区；驾驶机动车不礼让在斑马线上通行的行人；行人不走人行横道、天桥、地下隧道，随意横穿马路；夜间行车会车时仍使用远光灯；乱鸣喇叭；非机动车不按道行驶，随意穿插车流；故意遮挡号牌或使用套牌、假牌；压线或跨线行驶；超速或超载行驶；在画有导向车道标志的路口，不按导向车道行驶，乱并线；不按规定超车；机动车通过无灯控路口不按规定让行；直行车占用转弯车道；变线或转弯不打转向灯；开车时打电话、抽烟或做其他影响安全行车的行为；骑、乘摩托车不戴头盔；无证驾驶机动车；乱停乱放车辆；向车外抛掷杂物、吐痰；公交车未到站上下客、出租车随意上下客；机动车载物行驶时遗洒、飘洒载运物；骑自行车、电动车打电话等。

第四类是属于陈规陋习，与新的生活理念严重冲突的问题。比如，在街头、路边随意焚烧纸钱等殡葬物品；垃圾不分类投放；在餐馆就餐铺张浪费等。

第五类是伴随经济社会发展产生的新的不文明行为。比如，私家车及公共便民自行车乱停放，快递外卖车辆乱穿行；网络语言粗俗，传播低级庸俗、封建迷信等网络信息；诚实守信意识不强，法定和约定义务履行不到位等。

惠州市较为突出的不文明行为统计见表2-1。

表2-1 惠州市较为突出的不文明行为统计①

选项	小计	比例
A. 随地吐痰、便溺，乱扔乱倒废弃物	10528	75.02%

---

① 参见附件5《调查问卷分析报告》。

（续表）

选项	小计	比例
B. 遛犬不牵引，犬粪便不清理，违规饲养大型犬、烈性犬	8504	60.60%
C. 在街头、路边随意焚烧纸钱等殡葬物品	3016	21.49%
D. 社区楼道内乱堆乱放杂物	6257	44.58%
E. 在禁止吸烟的公共场所吸烟	6572	46.83%
F. 不遵守交通信号灯，乱穿马路，翻越交通护栏	7801	55.59%
G. 机动车乱停靠、乱鸣笛、乱变道，斑马线前不礼让	6863	48.90%
H. 乘坐公共交通工具时不按秩序排队、抢占座位、大声喧哗	4067	28.98%
I. 观看体育比赛或文艺演出时大声喧哗，结束后不带走随身垃圾	3299	23.51%
J. 广场舞噪声扰民	4080	29.07%
K. 高空抛物	4350	31.00%
L. 在公共建筑上乱写乱画，乱贴小广告	6559	46.74%
M. 践踏花草、破坏绿化，损坏公物	5020	35.77%
N. 网络语言粗俗，传播低级庸俗、封建迷信等网上信息	3931	28.01%
O. 餐饮铺张浪费严重，食用野生动物	2910	20.74%
P. 违反禁放规定燃放烟花爆竹	2932	20.89%

（续表）

选项	小计	比例	
Q. 诚实守信意识不强，法定和约定义务履行不到位	3345		23.83%
R. 其他	315		2.24%
本题有效填写人次	14034		

不文明行为不断冲击着社会道德的底线，社会各界充分感受到文明缺失与道德失范所引发的巨大危害。如果放任不文明行为，不仅积重难返，也将发生一系列影响恶劣、严重损害人民群众切身利益的事件，甚至将严重影响惠州作为全国文明城市、惠民之州的良好城市形象。因此，上述现象应当成为今后惠州市重点治理的不文明行为。

（二）2020—2021年全国文明城市创建的不足与短板

在惠州市委、市政府的正确领导和大力统筹下，近年来测评总体顺利，测评成绩有所提升，但与广东省其他城市相比，还有较大差距，同时，说明了惠州市创建工作与《全国文明城市测评体系》的标准、人民群众普遍满意的要求还有较大差距。[①] 不足与短板主要集中于以下7个方面。

1. 城市基础设施建设方面

（1）部分公共设施毁损、缺失，没有及时进行修缮。部分广场、公园、商业临街门口地砖破损严重，道路坑洼不平，有积水、污水等现象。

（2）背街小巷、农贸市场道路路面没有完全硬底化，坑洼积水严重，排水设施不完善等问题。

（3）老旧小区和城区街道范围内的公厕数量不足、管理不到位、卫生保洁较差，存在有积水、异味大、设施损坏、墙壁脏污等现象。[②]

---

① 相关资料来源：《惠州市2021年全国文明城市年度测评工作总结》。
② 相关资料来源：《惠州市2021年全国文明城市年度测评工作总结》。

（4）小区及周边公共停车位不足、停车难的问题。[①]

2. 城市精细化管理方面

（1）部分公共区域、主次干道的地面墙角有垃圾。个别背街小巷存在生活垃圾乱堆放和脏乱差现象，小广告铲除后刷白墙不整洁，变成新的"牛皮癣"。

（2）占道经营、跨门店经营情况反复存在。部分人流密集的商业街周边占道经营、乱摆乱放、乱扔厨余垃圾情况较多。

（3）经营管理不到位，农贸市场卫生较差，保洁工作不及时，市场内摩托车随意行驶，公厕存在异味。[②]

3. 道路交通管理方面

（1）存在车辆乱停放问题。车辆停放占用非机动车道、人行道、摩托车道现象严重并反复出现。

（2）交通秩序较混乱。机动车、非机动车不能各行其道，电动车进入机动车道行驶、电动车在人行道上逆行现象严重。

（3）交通站场秩序问题。长途汽车客运站"一米线"存在管理盲点，虽有不少 1 米提示线，但没有设置提醒牌；排队秩序混乱时有发生。[③]

4. 老旧小区管理方面

（1）设施设备老化，大多年久失修，道路绿化破坏较严重，黄土裸露。

（2）楼道内杂物堆放凌乱，小广告多。

（3）老旧小区消防设施破损严重，缺项较多，消防通道被堵塞。

（4）老旧小区存在乱拉电线为电动车充电现象，缺乏统一规范的管理。[④]

---

① 相关资料来源：《关于第六届全国文明城市测评情况的通报》。
② 相关资料来源：《惠州市 2021 年全国文明城市年度测评工作总结》。
③ 相关资料来源：《惠州市 2021 年全国文明城市年度测评工作总结》。
④ 相关资料来源：《惠州市 2021 年全国文明城市年度测评工作总结》。

5. 市民文明素养方面

市民文明意识有待进一步增强，行人乱穿马路、闯红灯、不走斑马线，非机动车随意变道、逆向行驶，市民在公共场所乱扔垃圾、随处吸烟、车窗抛物，街头路边、凉亭广场附近存在随意躺卧等不文明现象，小区工作人员待客态度不友善情况时有发生等。①

6. 文化教育方面

（1）个别学校教师师德师风存在问题。

（2）片区学位不足的问题。②

7. 材料审核方面

（1）各部门工作还不够扎实，没有达到测评标准。

（2）部分测评标准涉及多个部门职能、工作交叉，测评任务分工部署、推动落实存在马虎应付、推诿扯皮的情况。

（3）大部分责任单位具体责任人不固定，虽进行过培训指导，但报送基础材料质量不高。

（4）责任单位常态化创建工作台账不全，对测评体系研究不够深入，平常积累不够，仅仅停留在文件下发，工作完成实际情况的资料台账不完善，影响材料申报的质量。③

（三）现存问题的原因分析

道德价值取向的多元化、市场经济发展对传统道德的冲击、社会调节机制不健全、道德教育滞后于社会发展都是导致社会道德缺失以及不文明行为发生的深层原因。

1. 社会转型时期新挑战，少数市民素质提升慢

我国社会处于转型期，各种社会问题彼此叠加，各种矛盾愈加凸显，各种思想观念和利益诉求相互翻涌，导致整个社会缺乏公共精神，文明素

---

① 相关资料来源：《惠州市 2021 年全国文明城市年度测评工作总结》。
② 相关资料来源：《关于第六届全国文明城市测评情况的通报》。
③ 相关资料来源：《关于第六届全国文明城市测评情况的通报》。

质有待提升。

（1）市场经济快速发展，传统道德受到冲击。随着传统社会结构的解构，人际关系逐渐转向为一种现代性的公共交往，建立在一种非血缘、陌生人的利益关系基础上，交往活动不再囿于亲缘范围，而是发生在陌生人之间。陌生人交往或现代公共生活问题的解决，在很大程度上有赖于友爱德性即公共精神的普遍化，其中就包含对陌生人的友爱和他人意识、责任意识。而在市场化大潮的推动下，原有血缘关系社会基础和精神文化被冲破之后，新的契约关系和适应陌生人际的公共精神仍未准备齐全，"道德冷漠""信任度低"等社会道德问题容易产生。而"公共精神"或者"公共社会德性"的缺乏，是以道德冷漠为代表的转型期道德困境问题产生的根本原因之一。也即现代公共生活中陌生人之间的人际相处，需要更多的他人意识和"共在"意识，需要更多地对他人、陌生人的尊重和友爱，即需要道德公共精神予以调整。①

在传统与现代、东方与西方各种道德观念的交织与并存的背景下，原来"尊老爱幼、男女平等、夫妻和睦、勤俭持家、邻里团结"的家庭美德遭到破坏，家庭依然存在以下许多问题：闪婚闪离的逐渐流行、家庭稳定性的削弱、家庭暴力较大范围存在，家庭的团结和睦被破坏、家庭代际关系存在某种错位（爱子有余，尊老不足）、"啃老""弃老"现象较为严重、子女教育重智轻德及娇宠溺爱现象较为普遍、邻里关系疏远且缺乏友爱互助的精神，社会公德意识淡漠、重小家而轻"大家"的个人主义有所发展。上述不文明现象都给家庭美德建设带来了不利影响，是当前弘扬家庭美德所面临的严峻挑战。②

此外，调研发现，个别地方的原住居民通过征地拆迁补偿过上了富裕的生活，个人主义、拜金主义、享乐主义等不良风气受到部分人的追捧，

---

① 葛晨虹：《迈进现代社会，"道德良知"不能缺失》，载《决策探索（下半月）》2015 年第8 期。

② 尹海莲：《注重家庭注重家教注重家风》，载《新湘评论》2016 年第 2 期。

原有的社会道德风尚受到破坏。大亚湾区精神文明建设调查显示，90.36%的受访者认为一些群众法治观念淡薄，有暴富心态，倾向于"赚快钱"的浮躁心态。

（2）个别干部道德低下，造成社会负面影响。党员干部本应是道德建设的倡导者、示范者，以及全社会的道德楷模，应当讲党性、重品行、做表率，应当带头践行社会主义核心价值观，带头注重家庭、家教、家风，以实际行动带动全社会崇德向善、尊法守法。然而，在现实中，由于一些党员干部深受拜金主义、享乐主义、极端个人主义的侵蚀，进而导致信仰缺失、价值观扭曲、法治观念淡薄，心理空虚。道德品质低下的个别党员干部，不仅没给群众做好正确榜样，反而给群众树立了错误典型。

（3）思想工作不够重视，开展力度仍需加大。部分单位工作开展过程中偏重于中心工作或突出性业务，对文明行为促进工作的重要性在思想上认识不足，未将文明行为工作有关要求与本单位部门的工作实际结合起来，未提出具体工作目标，甚至存在消极态度，认为是增加额外的工作负担，无利可图，得不偿失，可有可无。

（4）人口结构变化影响大，文明素质发展不平衡。惠州经济发展快，城区规模不断扩大，部分市民是从"村民""渔民"直接过渡至"居民"，城市公德意识未完全跟上，文明素质和人文素养仍未与城市发展同步提高。另外，外来人口增多的影响较大。截至2020年11月，惠州市全市常住人口为6042852人，全市共有家庭户1896645户，集体户219774户，家庭户人口为5192486人，集体户人口为850366人。[①] 其中，大亚湾区、惠城区、仲恺区的外来人口居多。例如，大亚湾区本地人口和外来人口比例约为1:3。外来人口主要是一些企业外来务工人员和周边城市过来的新市民，素质参差不齐，缺乏归属感，相对而言，维护共同家园的文明意识较差。

[①] 参见惠州市人民政府官网，《惠州市第七次全国人口普查公报》，https：//www. huizhou. gov. cn/zwgk/hzsz/zwyw/content/post_4282401.html，最后访问日期：2023 年 4 月 28 日。

2. 教育宣传机制不够健全，文明建设效果难以保障

正面宣传方式方法和渠道不多、创新不足，常态化教育机制不健全。文明行为建设是持续性系统性的社会工程，需要全社会共同认知和共同参与。但在调研中发现，惠州市重视文明行为还未成为全社会的共识，全社会共同开展文明行为建设的强大力量并没有最大限度地激发出来。以大亚湾区精神文明专项调查为例，86.26%的党政干部认为新形势下加强精神文明建设是宣传部的事情，与本单位关系不大，故主动参与热情不高；56.18%的受访者认为随着物质文明发展，精神文明建设自然水到渠成，市民的素质就会提升；51.26%的受访者认为精神领域的建设看不见、摸不着、不务实，甚至很多是苍白无力的说教；而在问到是否有必要将精神文明建设融入单位管理考核和业务工作时，28.9%的受访者表示很有必要，71.1%的受访者表示没有必要。上述数据说明，全社会对精神文明建设还未真正达成共识，动力依然不足，进而说明宣传方面仍然存在问题。

宣传方面的问题主要表现为：一是正面宣传方式方法和渠道还不够多、创新不足。以大亚湾区精神文明专项调查为例，大亚湾区73%的受访者认为，近年来大亚湾区的宣传多层面、多角度、有声有色，但正面宣传方式方法和渠道还不够多、创新不足，宣传的有效性、宣传的方式方法仍停留在传统手段上。二是常态化市民教育机制不健全。在"您认为应该倡导鼓励哪些文明行为"所列12类行为中，见义勇为、文明出行、文明生活、讲究卫生、志愿服务、乐善好施等6类行为最受市民认可，占比分别为15.85%、15.70%、15.20%、15.03%、14.86%、14.30%；与此同时，绿色生活、垃圾分类、移风易俗、扶危济困等行为的选择率较低，说明部分文明行为还未成为广大市民的共识，尚需要通过大规模的社会宣传和引导，在市民心中形成认同并逐步培养成行为习惯。

3. 行为监管难度大，执法保障不到位

不文明现象时有发生的重要原因之一在于对不文明行为的监管与处罚的难点较多。在调研中发现，相关部门在实际巡查和处置过程中，仍面临

不少难题。

（1）对于不文明行为缺少执法权。例如，对于游客在公园内乱丢垃圾、攀折花木，园林部门、公园景区没有执法权，只能以劝阻为主，依靠游客自觉。景区管理人员反映"有的游客不听劝导，心生怨念，出门就打电话投诉我们。规劝无法震慑，但报警又小题大做"。对于违规野泳等不文明行为，红花湖、东江等公开水域都禁止游泳，但游泳现象依然每天发生，难以形成有效监管。

（2）对于不文明行为的取证难度较大。受访基层城管执法部门人员表示，由于许多不文明行为的发生比较隐蔽，并且缺乏有效的取证措施，相应的惩罚无法落实。例如，在惠州火车站、汽车站等流动人员密集的区域，待执法人员到达现场并进行处罚时，不文明行为当事人早已离开。再如，惠东县摩托车的管理虽然总体上有效，但仍有个别司机行驶至行人面前按喇叭揽客的情况。对于此种行为，民众相当反感，而要进行惩处却难以实施。

（3）对于不文明行为缺乏监管力量。惠州全市城乡各类公园近百家，90%以上未设立单独的管理机构，许多开放式公园、绿地，游客出入方便，但管理力量明显不足。公园只有养护队伍，但缺乏足够的管理人员，难以对不文明行为进行有效监督。例如，对于乱贴"牛皮癣"的行为，有市民就报料反映，惠州市第一人民医院、惠州市第三人民医院、惠州市妇幼保健院等多家医院洗手间等处有许多代孕、验性别、试管婴儿等字样的违法广告。此类有损文明城市形象的行为多年来一直存在，未能根除。

4. 基层文化建设有短板，城乡文明发展需共进

精神文明建设不仅限于市中心区，还需要统筹区域发展，加强文明街道、文明村居、文明乡风的建设，实现全区农村人文美、风尚美、文化美。[①] 不可否认，惠州市在长期创建过程中，对于城乡接合部、乡村基

---

① 龚妍：《岭东雄郡摘取全省创文桂冠　好人之城遍结全域创建硕果》，载《惠州日报》2019年4月12日。

层的文明创建有所忽视。2017 年 12 月，习近平总书记指出"农村精神文明建设很重要，物质变精神、精神变物质是辩证法的观点"，并强调"实施乡村振兴战略要物质文明和精神文明一起抓，特别要注重提升农民精神风貌"。① 这就要求惠州必须克服不足与短板，加快推进乡村文明建设。

（1）受经济条件、资源力量、技术水平等制约，惠州市城乡接合部及乡村等地方的城市公共服务基础设施不够健全。

（2）惠州市乡村振兴人才总体上是缺乏的。惠州市乡村人才队伍仍存在总量不足、素质不高、活力不够等问题。特别是在乡镇层面，人少任务重，一人身兼多职；农村实用人才缺口较大，尤其是教育、医疗类人才严重缺失，公共服务短板较为明显。

（3）现有的宣传文化设施和阵地落后、形式固化、内容单一，群众丰富多彩的精神文化需要同文化服务有效供给的矛盾较为突出。农村公共文化供给不够丰富，村级综合性文化服务中心的服务水平仍有待提高。以大亚湾区精神文明专项调查为例，59.58% 的受访者认为农村活动阵地较少，难以满足农民群众日益增长的文化需求，不少地方农村群众的精神文化生活非常单调、群众性文化活动少。农村居民年均文化消费支出小于 1000 元，文化消费支出占居民收入偏低，大亚湾区农民潜在文化需求还未完全释放，这与大亚湾区的文化产品和服务的供给总量不足和结构不适有关。②

（4）道德建设方面与新时代农村精神文明建设需求仍有一定差距。例如，环境卫生脏乱差的问题、侵犯妇女合法权益以及不尊重妇女的问题、在婚丧嫁娶方面的诸多陈规陋习、不赡养甚至虐待父母的问题等。

---

① 本报评论员：《加强农村精神文明建设》，载《人民日报》2021 年 1 月 4 日。
② 参见惠州大亚湾经济技术开发区管理委员会官方网站，《惠州大亚湾开发区管委会关于印发〈大亚湾区文化发展"十三五"规划〉的通知》，http：//www. dayawan. gov. cn/attachment/0/154/154990/4427282. pdf，最后访问日期：2023 年 4 月 28 日。

第三部分　惠州市文明行为促进的趋势及立法建议

城，所以盛民也；民，乃城之本也。城市的发展，以及生活品质的提升，离不开文明播种。城市精神文明代表着城市的涵养，是市民的精神追求的总和，市民的文明行为也正是城市精神文明的外化表现。可以说，一座城市的文明程度，在一定程度上体现了一个地区的发展高度与发达程度。整洁的环境、便捷的服务、良好的生态、有序的法治、向善的风尚、人文的关怀、温情的治理等各个方面构成了一座文明城市所需的基本要件。城市的文明程度，不仅仅体现在某一个方面，而是体现在方方面面；建设更高水平文明城市，也不是一时一地的变化，而是始终向好的进步。建设更高水平文明城市，需要在点滴中蓄养，在时间中积淀。一方面，需要在细节处着手，在实处发力，诸如交通拥堵、文明就餐、垃圾分类等问题。另一方面，需要涵养精神文明，诸如志愿精神、文化价值、理想信念、道德引领等，它们是城市文明的内在灵魂，其中所蕴藏的文明价值，需要依托外在形式不断蔓延。其实，很多地方都在文明建设过程中，形成了独特的文明信仰，在内化于心、外化于行的过程中，共同助推城市发展迈向更高的层次。[①]

长期以来，惠州市一直将文明行为促进视为建设"惠民之州"的必然发展要求。惠州市委、市政府坚持以习近平新时代中国特色社会主义思

---

① 参见人民网，《人民网评：在建设文明城市中提升文明新高度》，http：//opinion. people. com. cn/n1/2021/1028/c223228－32267213. html，最后访问日期：2023 年 4 月 28 日。

想为指导，深入学习贯彻党中央关于精神文明建设的重要精神，以提升市民思想道德素质为根本，以培育和践行社会主义核心价值观为主线，以文明城市创建及成果巩固为抓手，不断深化文明创建各项活动，不仅较大地促进了市民文明素质，也取得了辉煌成就。在 2009 年，惠州市以全国地级市第一名的成绩荣获第二批全国文明城市称号，至今已成功蝉联全国文明城市"五连冠"。2017 年，惠州市博罗县、龙门县分别荣获全国文明城市（县级）称号，惠东县成为全国文明城市（县级）提名城市，实现了全域创建"满堂红"。然而分析现状，惠州市的文明行为促进工作可谓是成就与问题并存，任重而道远。交通行为、公共卫生行为、公共场所行为、公共环境行为、市场秩序行为等方面领域所存在的程度不同的不文明现象亟待解决。今后，惠州市应当同时把握"摒弃陋习与倡导新风同步推进"和"教育引导与法治规约相结合"的重要趋势，在新时代不断继续深化精神文明建设，全方位提升公民文明素质与社会文明程度，进而不断以高水平获得"全国文明城市"的荣誉。

一、发挥法律与道德的作用

（一）摒弃陋习与倡导新风同步推进

1. 摒弃陋习，规范行为

近年来，在社会各界的齐心协力下，使得少数市民的不文明行为有所抑制，但远未彻底根除。惠州市仍然存在一些不文明的陋习，例如，不遵守公共秩序、不遵守公共场所文明行为的现象依然存在；部分领域公德失范、诚信缺失的现象依然时有发生；在部分地区，尤其是部分农村地区，不遵守公共卫生行为、环境卫生脏乱差的问题仍比较突出；不良风气、不良风俗在一定范围内仍旧存在。上述陋习需要依靠法治、依靠教育，持之以恒地改正，纠正不良风气，培育文明新风。市民素质的提升不可能一步到位，惠州市唯有多方协作，建立长效机制，坚持长期的宣传教育和制度引导，才能使市民的素质在耳濡目染中得到提升，进而使城市的文明水平得到持续提升。

2. 倡导新风,与时俱进

社会文明进步是一个不断发展的过程。时代在发展,而新问题不断涌现,一定要将新产生的不文明现象扼杀在起始阶段,绝不能使之成为恶习。例如,随着经济社会发展,产生了私家车及便民公共自行车乱停放、快递外卖车辆乱穿行等新问题,必须考虑从宣传教化、建立外化机制、强化监督以及完善城市基础设施等方面解决这些问题。再如,在已经全面进入网络化的时代,网络语言粗俗、低级庸俗、封建迷信等网络信息的传播等,影响极为恶劣。如何对各种不文明的网络行为实行惩戒措施,积极引导网民树立公共意识和规则意识,建设绿色健康的网络舆论环境,就成为必须要落实的工作。应当积极宣传绿色、健康的生活方式,引导市民树立正确的生态文明观念;应当改革传统就餐方式,实行分餐制和公筷公勺,实现健康文明就餐;应当树立正确的生态文明观念,禁食野生动物,切实增强市民的环境保护意识,逐渐追求并养成健康文明的生活方式。

(二)教育引导与法治规约相互结合

今后,惠州市要深化城市精神文明建设、促进市民文明行为,需要将德治与法治相结合。2016 年,习近平总书记指出:"法律是成文的道德,道德是内心的法律。法律和道德都具有规范社会行为、调节社会关系、维护社会秩序的作用,在国家治理中都有其地位和功能。法安天下,德润人心。法律有效实施有赖于道德支持,道德践行也离不开法律约束。法治和德治不可分离、不可偏废,国家治理需要法律和道德协同发力。"① 只有实现法律和道德的相辅相成,以及法治和德治的相得益彰,才是坚持依法治国和以德治国相结合。中央和国家层面强调立法的

---

① 参见新华网,《习近平:坚持依法治国和以德治国相结合》,http://www.xinhuanet.com/politics/2016－12/10/c_1120093133.htm,最后访问日期:2023 年 4 月 28 日。

必要性。中共中央先后印发《关于培育和践行社会主义核心价值观的意见》《关于进一步把社会主义核心价值观融入法治建设的指导意见》和《社会主义核心价值观融入法治建设立法修法规划》，将"加强道德领域突出问题专项立法，把一些基本道德要求及时上升为法律规范"明确为立法修法的一项主要任务。2019 年，全国文明城市测评体系也提出了"有立法权的城市推进文明行为促进立法，形成常态长效机制"的要求，将推进文明行为促进立法纳入文明城市考核指标。故而，惠州市只有同时把握"摒弃陋习与倡导新风同步推进"和"教育引导与法治规约相结合"这两大趋势，不断促进文明行为、提升精神文明，不断取得思想道德建设的新进展新成就，才能为打造珠江东岸新增长极、粤港澳大湾区高质量发展重要地区，以及"更加幸福国内一流城市"作出新贡献。

当前，国家和广东省涉及治理不文明违法行为的法律法规已有不少。如《中华人民共和国治安管理处罚法》《中华人民共和国未成年人保护法》《中华人民共和国慈善法》《中华人民共和国旅游法》《中华人民共和国老年人权益保障法》《城市市容和环境卫生管理条例》《物业管理条例》《广东省志愿服务条例》《广东省物业管理条例》《广东省见义勇为人员奖励和保障条例》《广东省城市绿化条例》《广东省爱国卫生工作条例》等。另外，《广东省文明行为促进条例》也已在 2021 年 7 月 30 日通过，并于 2021 年 9 月 1 日开始施行。即便如此，随着经济社会的快速发展，市民对文明行为的期待愈加迫切，规范要求相应提高，而法律法规仍然滞后。

同时，为实现文明城市创建工作的常态化、法治化、规范化，我国各地将文明城市创建工作所取得的成功经验上升为地方性法规，以立法的形式加以固化，构建长效机制。习近平总书记强调："要把实践中广泛认同、较为成熟、操作性强的道德要求及时上升为法律规范，引导全社会崇德向善。"① 在 2018 年全国文明办主任会议上，中央文明办专职副主任夏伟东强调，要鼓励有立法权的城市出台文明行为促进条例，充分发挥法律法规对树立社会文明风尚的保障作用。如今，全国已有超过 200 个设区的市完成了"文明行为促进条例"的立法工作，通过法律手段促进文明行为的培育。

社会主义精神文明建设是一项庞大的、长期的系统工程，其具有能动性和操作性的重要作用，包括对文明行为的教育、引导、规范。加强惠州市精神文明建设，推进文明行为促进立法，需要借助法治思维和法治方式引导组织和个人在公共秩序、环境卫生、交通出行、城市治理、公共设施维护等方面承担义务、遵守规范，形成共建共治共享的生动局面。当前，惠州市扎实有序推进国家卫生城市创建工作，积极探索文明城市创建的管理体制、工作机制、方法载体等方面，取得了显著的效果，也积累了成功的经验。2015 年，惠州市取得立法权后，已经在环境保护、环境卫生、交通出行、文明旅游等领域相继出台了一系列地方性法规与政府规章，如《惠州市西枝江水系水质保护条例》《惠州市历史文化名城保护条例》《惠州西湖风景名胜区保护条例》《惠州市罗浮山风景名胜区条例》《惠州市扬尘污染防治条例》《惠州市市容和环境卫生管理条例》等，这些条例与市民文明行为规范有一定的联系。

然而，截至 2022 年 4 月 12 日，惠州市规范市民文明行为领域的规定仍然多数是市民公约、部门规章，约束力不足。故有必要通过地方立法，制定"惠州市文明行为促进条例"，以对倡导文明行为、治理不文明行为进行顶层设计和措施安排。首先，问卷调查结果显示，97.17% 的受访者支持惠州市文明行为促进立法。② 其次，根据项目组所做的调查，99% 以上接受座谈、访谈的党政部门工作人员、人大代表、政协委员、基层工作

① 参见新华网，《习近平：坚持依法治国和以德治国相结合》，http://www.xinhuanet.com/politics/2016-12/10/c_1120093133.htm，最后访问日期：2023 年 4 月 28 日。

② 参见附件 5《调查问卷分析报告》。

者、社会组织代表、专家学者以及接受问卷调查的市民，都认为惠州市文明行为促进立法具有必要性、可行性和紧迫性。最后，在近几年的惠州市人民代表大会会议上，总有人大代表提交关于提升市民文明素养或促进文明行为立法的议案。政府、社会和市民就推进惠州市文明行为促进立法已经形成基本共识，这是立法最大的民意基础和动力来源。

着力提升惠州市城市文明程度和市民文明素质是深入推进城市治理的重要环节，也是建设城市软实力、提升城市国际国内竞争力的基础工程。其中，推进文明行为促进立法是惠州建设惠民之州的内在要求和重要抓手。倘若地方城市制定了"文明行为促进条例"，市民就能对文明和不文明行为作出准确判断，既有助于形成褒扬文明行为，以及谴责不文明行为的舆论环境，也能保障管理部门对市民行为的管理奖惩有据。① "文明行为促进条例"如同一本简单易懂的"公民文明行为手册"，清晰指导人们自觉遵从文明行为规则，减少不文明行为的发生，进而做到正面引导和依法管理并举、提升素养和革除陋习齐抓，在全社会大力培养文明意识，规范文明行为。

综上，惠州市应当发挥地方立法的作用，制定城市文明行为促进条例，运用法治手段维护社会公共价值，处置道德领域突出问题，有助于加强惠州市精神文明建设，以及提升创建全国文明城市的工作水平。

（三）划分规范与合理选择道德入法

作为对道德进行综合性立法的地方性文明行为促进立法，需要合理界分道德入法的类型与层次。尤其是"法律不能超越一定的历史阶段普通社会成员道德观念所能接受的程度"，否则就会突破道德法律化的限度，陷入"法律万能主义"的误区。从道德规范的调整对象来看，道德具有一定的层次性和领域性。道德具有层次性，富勒认为存在两种道德，即义务性道德与愿望性道德。义务性道德是从最低点出发，它确立了使有序社

---

① 孟若冰：《为文明立法　培育人们的"规则意识"》，载《天津日报》2019 年 1 月 30 日。

会成为可能或者使有序社会得以达到其特定目标必要的那些基本规则，其表达方式通常是"你不得，你应当……"；而愿望性道德是以人类所能达到的最高境界作为出发点，其一般性地描述了应当追求的某种完美境界。虽然富勒并未清晰地区分两种道德，但其划分的意义在于为法律和道德之间的关系提供基础的界限。义务性道德构成了法律的基础内容，愿望性道德是卓越的道德，不应成为法律追求的目标。如果说上述道德是以高低层次进行划分，那么公德与私德就是对道德的调整领域所进行的划分。公德具有广义与狭义之分，广义的公德包括公共道德和公民道德，狭义的公德仅指公共道德。私德也可称为个人道德，即"只与自身有关，而不涉及他人的行为或品质"。由此可知，公德所调整的是私人与群体之间的关系，或是更多的公共领域的事物，而私德所调整的是私人之间的相互关系，或是更多的私人领域的事物。①

道德规范的层次性和领域性的特征构成了文明行为入法的理论基础。对目前文明行为促进立法中所涉及的文明行为进行划分，既属于义务性道德又属于公德的文明行为的类型较多，此类文明行为不仅属于最低限度的道德规范，也属于为法律所调整的社会关系。例如，文明用餐、网络文明中包含的是义务性道德、愿望性道德、公德与私德。根据立法中文明用餐的规定，不食用野生动物属于义务性道德和公德，但使用公勺公筷及分餐制是值得倡导的行为，所以同属于愿望性道德与私德。而网络文明中既提倡积极健康的网络文化，又惩罚侵犯知识产权的行为，前者是愿望性道德与私德，后者是义务性道德与公德。另外，健康生活、志愿服务、礼仪文明、弘扬正气文明"要求个人在社会生活中积极地作出特定的善举，进而关涉社会中的其他人，但是这仍不足以认定其为公共事务"，因而是愿望性道德与私德。由以上三种形式可知，法律所调整的领域不但涉及公共领域，而且涉及私人领域，但是私人领域的事务需要合理的界限，法律不

① 唐祖爱、牟臻：《我国文明行为地方立法实践及问题探析》，载《广西政法管理干部学院学报》2021 年第 4 期。

能无限压缩私人领域的空间。换言之，公德受法律调整毋庸置疑，但是私德受法律调整需要合理的界限。①

除此之外，由于道德具有一定的层次性，那么道德入法也应当具有一定的层次性，需要合理调整道德入法的框架结构。厘清不同层次的道德与框架之间的逻辑的重点在于明确文明行为促进立法的三个层次规范：基本规范或重点治理的不文明行为、倡导的文明行为、鼓励的文明行为。重点治理的不文明行为属于最低层次的道德，即传统意义上的硬法。倡导的文明行为则是以软法形式所出现的道德规范。鼓励的文明行为是鼓励公民积极作出特定善举的行为，对公民的个人品质有着较高的要求。软法作为道德入法中的法规形式，具有其独特功能。与硬法相比，软法以其柔性机制有助于促进目标的实现。文明行为立法的框架应当符合以上三种层次，并以道德要求递进式映射其外在的框架逻辑结构。由此可见，与道德层次较为契合的框架结构形式，应当是总则、文明行为基本规范或重点治理的不文明行为、倡导的文明行为、鼓励的文明行为、促进与保障、法律责任，以及附则。②

二、把握立法重点与难点

（一）合理区分法律规范与道德规范的边界

人类社会最为重要的两种行为规范正是法律与道德，二者的调整范围和调整方式各不相同。国家和社会治理都离不开法律和道德共同发挥作用，也离不开二者的相辅相成。具体而言，法律作为道德的底线，即便有强制手段保障其实施，但因其不具有内心约束力及一定的滞后性等局限与不足，仍有赖于道德进行辅助与补充。因此，应当在设定道德底线的同

---

① 唐祖爱、牟臻：《我国文明行为地方立法实践及问题探析》，载《广西政法管理干部学院学报》2021 年第 4 期。
② 唐祖爱、牟臻：《我国文明行为地方立法实践及问题探析》，载《广西政法管理干部学院学报》2021 年第 4 期。

时，体现法律规范的价值导向，进而正确处理好法律的引领性与规范性的关系。

在此次立法调研中，政府部门、社会各界、市民群众和专家学者都反复表示，文明行为促进立法需要明确立法的调整对象和调整范围，厘清法律规范与道德规范的边界，坚持法治与德治相结合，重点对需要进行立法规范的、能够通过制度固化的、适宜以立法来调整的文明行为和不文明行为予以规定。

一方面，道德准则纳入法律规范，有必要深入调研及科学研判社会文明程度和道德水平，使之与当前的社会文明程度相匹配，与大多数人的道德水平相适应，[①] 与市民群众的基本共识相一致。否则，强行规定高于绝大多数人的道德认知和文明程度的义务性规范，强制人们去遵守，将会导致要么难以有效实施，法律进而失去其尊严和权威；要么以高昂的执法成本去强制实施，国家的人力、物力、财力将难以承受。

另一方面，文明行为也是分层次的，将文明行为入法，既要引导、规范、激励、约束，又不能超出高限、强人所难。故应当科学区分法律行为与道德行为、义务性道德行为与愿望性道德行为、广泛性要求与先进性要求，循序渐进地推进社会文明建设。具体在文明行为促进立法中，一是坚守文明底线，将公共秩序、环境卫生、交通出行、社区生活、就医、旅游、上网等民众关切领域的行为，区分为规范的文明行为和最低限度的不文明行为两个层次，并运用立法技术将最低限度的文明要求，转换为权利与义务、行为与责任等行为规范；二是立足惠民之州的定位，引导和激励文明旅游、绿色出行、合理消费等文明行为，进一步提升城市文明水平；三是倡导鼓励和支持见义勇为、志愿服务、无偿献血、乐善好施、扶危济困等弘扬社会公德的高尚行为，上述文明行为主要出于文明行为人自身为了国家、社会或者他人利益而牺牲个人利益的高尚情操及珍贵品质，值得

---

① 蒲晓磊：《核心价值观入法应合理设置行为尺度》，载《法制日报》2019 年 10 月 15 日。

大力弘扬和提倡。

（二）准确科学定义文明行为的概念和范围

立法应当准确界定文明行为的概念和范围，科学确定和表述立法规范的对象。梳理200多个外省市文明行为促进立法中有关文明行为概念的界定，但大多数立法并未界定，已有的概念也未能准确揭示文明行为的内涵，特别是与合法行为之间的概念区分。许多地方的文明行为促进条例规定"本条例所称文明行为，是指遵守宪法和法律、法规规定……"此类文明行为的定义将合法行为作为文明行为的基础和前提，有一定的合理性，但没有区分文明行为和合法行为的界限，显得不够严谨。经过研讨，项目组从标准、内涵、目标、与合法行为的区分四个维度，提出文明行为是指以社会主义核心价值观为标准，符合社会公德、职业道德、家庭美德、个人品德要求，有利于维护国家的、社会的、集体的和他人的利益，有利于维护公序良俗的行为。在此基础上，项目组将文明行为界定为"以社会主义核心价值观为引领，恪守社会公德、职业道德、家庭美德、个人品德，维护公序良俗，树立新风正气，推动新时代社会文明进步的行为"。

条例从名称上看，立法调整的是"行为"，但是行为的主体是仅指个人，还是也包括组织，包括哪些组织，应当如何表述？在已有的200多个省市地方文明行为促进立法中，太原市、晋城市、杭州市、宁波市、三明市等在条例第一条规定"为了引导和规范公民文明行为""为了规范与引导公民行为"，武汉市在条例第一条规定"为引导和规范市民行为"，将行为的主体确定为"公民"或"市民"。但是由上文规定可知，"公民"或"市民"的具体范围难以确定，且与条例属地管辖的原则不统一、不协调。部分地方城市的立法，比如兰州市、石家庄市、舟山市等，注意到此问题，在条例第一条规定"为了引导和规范文明行为""为了引导和规范公共文明行为"，但是在具体的条款中，不仅没有明确外国人、无国籍人、外地人在本行政区域的行为的适用问题，也对作为行为主体的单位、组织的表述莫衷一是，存在前后不一致、内涵外延不衔接等不足。

项目组认为，立法规范的行为主体既包括个人，也包括组织。依据《宪法》第五条关于行为主体的规定将组织主体表述为"社会团体、企业事业单位及其他社会组织"，按照属地管辖的原则将个人主体表述为"在本市行政区域内居住、工作、生活、旅游以及从事其他活动的个人"。建议在立法中，结合惠州市实际，全面统筹、准确表述每个条款中行为的主体。

（三）有效完善严格执法的保障机制和措施

2016 年，习近平总书记强调："法律是底线的道德，也是道德的保障。要加强相关立法工作，明确对失德行为的惩戒措施。要依法加强对群众反映强烈的失德行为的整治。"[①] 从理论上来看，文明行为促进立法需要强化法律责任的设置。2017 年，中央精神文明建设指导委员会印发的《关于深化群众性精神文明创建活动的指导意见》指出，要用法治思维和法治方式推进精神文明创建，把那些符合实际、成效明显、群众认可并被实践证明的规律性做法上升为法律法规。故而要加强相关立法工作，明确对失德行为的惩戒措施，以及加强对群众反映强烈的失德行为的整治。

从地方立法实际需要的角度出发，有必要适当规定文明行为的基本规范与需要重点治理的不文明行为。在北京市的立法过程中，北京市第十五届人大常委会第十六次会议审议市民通过"票选"形成的《北京市文明行为促进条例（草案）》，其中对于需要重点治理的不文明行为，都来自问卷调查。不文明行为的治理是以制裁的方式促成文明行为的养成，与鼓励倡导型的文明行为相比，其包含的价值目标是一致的。[②]

---

① 参见新华网，《习近平：坚持依法治国和以德治国相结合》，http：//www.xinhuanet.com/politics/2016－12/10/c_1120093133.htm，最后访问日期：2023 年 4 月 28 日。
② 唐祖爱、牟臻：《我国文明行为地方立法实践及问题探析》，载《广西政法管理干部学院学报》2021 年第 4 期。

另外，根据经验表明，立法重要，执法亦然，而执法难是各省市文明行为促进立法所共同面临的重点和难点问题。总结各国、各地经验，为了达到有效禁止不文明行为的立法效果，在执法上往往采取以下三种模式。

一是"杀鸡骇猴"式的威慑模式。美国、德国等大部分国家采取这种模式，主要是通过加大处罚力度来控制不文明行为，包括高额罚款、信用限制、人身监禁等，使行为人不敢越轨。

二是通过简便执法程序，提高执法效率，实现"快速执法"模式。比如香港地区通过《定额罚款（公众地方洁净罪行）条例》《简易程序治罪条例》等规定，简化执法取证等程序，采取定额罚款等方式快速、公平执法。

三是通过扩展执法主体范围的方式，实现"违法必究"模式。比如，新加坡的公共卫生总干事、警察、治安法院、地区法院、陆路交通管理局、公用事业委员会、经授权的人员等都是执法主体，形成了严密的执行网络，任何不文明行为都难逃法网。

在研究上述模式的利弊后，项目组认为"惠州市文明行为促进条例"可以考虑采取以下几种方式。

第一，每一种不文明行为及其处罚措施，都要归类到相关法案中，如"治安管理法"，都要做到与行政执法部门一一对应，建立问责追究机制，切实做到严格执法。

第二，要针对不文明行为表现形式的多样性，细化惩处手段和措施，比如文明行为记录、强制社会服务、公开曝光、信用惩戒等。

第三，立法中罚则适用的情形应尽可能明确，分档层次清晰，合理规制执法过程中的自由裁量权。

第四，在执法主体、执法力量有限的情况下，广泛应用电子设备等现代化手段是加强文明行为执法的重要路径，需要在立法上进一步明确非现场执法的地位、电子证据规则、处罚文书送达等制度。

第五，建立身份查验协作规则，规定执法人员在查处违法的不文明行为时，根据执法需要，有权要求行为人出示有关身份证明文件证实身份。[1]

第六，适当简化不文明行为执法中的取证程序和要件。比如，省略或简化笔录、证人证言等要求，明确照片、录像、录音等可以作为证明不文明行为的证据等，通过上述措施保障严格执法。

（四）科学适用信用联合奖惩的条件和限度

将文明与不文明行为的相关信息纳入行为人个人信用系统，以此作为奖惩依据，被认为是可行的方法。所以，惠州市同样重视社会信用体系以及守信联合激励与失信联合惩戒的制度方面的建设。惠州市至今已出台了《惠州市社会信用体系建设规划（2014—2020 年）》《惠州市创建国家社会信用体系建设示范城市工作方案》《惠州市加强政务诚信建设实施方案》《惠州市加强个人诚信体系建设实施方案》《惠州市建立完善守信联合激励和失信联合惩戒制度实施方案》《惠州市全面加强电子商务领域诚信建设实施方案》《惠州市联合奖惩红黑榜管理暂行办法》《惠州市关于开展诚信缺失突出问题专项治理行动的工作方案》等一系列的方案、办法。如今，一些地方的文明行为促进条例中规定，将不文明行为信息作为行为人个人信用信息予以记录，并赋予行政执法机关曝光、抄告抄送、社会服务等多样化的惩戒措施，增强对实施不文明行为的治理效果。

然而，项目组认为建立多部门、跨地区、跨行业的不文明行为联合激励和联合惩戒的联动机制，仍须谨慎。因为按照上位法及相关政策规定，黑名单制度必须符合过罚相当的比例原则，这仅适用于严重的违法不文明行为。

《国务院关于建立完善守信联合激励和失信联合惩戒制度加快推进社会诚信建设的指导意见》（国发〔2016〕33 号）规定："对重点领域和严

---

[1] 蔡金荣：《文明行为地方立法：条件、法理、经验与问题》，载《中共宁波市委党校学报》2019 年第 4 期。

重失信行为实施联合惩戒。在有关部门和社会组织依法依规对本领域失信行为作出处理和评价基础上，通过信息共享，推动其他部门和社会组织依法依规对严重失信行为采取联合惩戒措施。重点包括：一是严重危害人民群众身体健康和生命安全的行为，包括食品药品、生态环境、工程质量、安全生产、消防安全、强制性产品认证等领域的严重失信行为。二是严重破坏市场公平竞争秩序和社会正常秩序的行为，包括贿赂、逃税骗税、恶意逃废债务、恶意拖欠货款或服务费、恶意欠薪、非法集资、合同欺诈、传销、无证照经营、制售假冒伪劣产品和故意侵犯知识产权、出借和借用资质投标、围标串标、虚假广告、侵害消费者或证券期货投资者合法权益、严重破坏网络空间传播秩序、聚众扰乱社会秩序等严重失信行为。三是拒不履行法定义务，严重影响司法机关、行政机关公信力的行为，包括当事人在司法机关、行政机关作出判决或决定后，有履行能力但拒不履行、逃避执行等严重失信行为。四是拒不履行国防义务，拒绝、逃避兵役，拒绝、拖延民用资源征用或者阻碍对被征用的民用资源进行改造，危害国防利益，破坏国防设施等行为。"

因此，项目组认为，个人信用记录和信用联合惩戒现仍需要国家层面的社会信用立法的顶层设计和具体规定。惠州市的公共信用信息服务平台建设尚未完善，不文明行为从嵌入式对接、平台技术、工作机制上，纳入全市统一的信用联合奖惩仍不成熟。因此，条例不作此方面的规定。

条例可以借鉴广州市等地的做法，建立"惠州市文明行为记录平台"。一方面，建立文明行为记录平台，对获得文明单位、道德模范、身边好人、优秀志愿者等荣誉称号的单位和个人予以公布。另一方面，对影响恶劣的不文明现象予以曝光。① 但需要注意以下两个问题。

第一，应当完善不文明行为相关信息记录制度。如果在文明行为促进立法中引入不文明行为信息记录制度，需要进一步明确哪些不文明行为可

---

① 魏丽娜：《将建文明行为记录平台》，载《广州日报》2020年7月1日。

以被记录，该记录可否消除以及消除的条件和程序，该记录信息应当如何使用，当事人若对此不服应当如何救济等问题。因此，需要政府有关部门在实施过程中及时制定出台配套制度，明确记录的标准和程序，保障立法规范的正确有效实施。

第二，应当维护信息公开与个人隐私保护的价值平衡。有关部门仅对严重的不文明行为者记录信用不良信息，并公示曝光。记录公示应该按照过罚相当的比例原则予以确定，并明确信用不良信息记录的救济渠道，使立法既能有效治理不文明行为，又能合理防范侵害个人信息权利和隐私权利的风险。

三、突出地方特色与亮点

立法质量的提升关键在于尊重和体现客观规律，即坚持问题导向，切实提高立法的针对性、及时性、地方性、协调性、自主性、先行性，增强法律法规的可行性与可操作性，使文明行为促进立法与惠州实际相符合，突出惠州特点，切中治理要害，确保措施切实管用。

（一）坚持政府责任与公民义务并重

文明行为促进立法的定位是"促进性"立法，这就要求政府积极作为，为文明行为创建良好的软硬件环境。因此，文明行为促进立法首先要明确政府的责任，包括制定相关政策措施，建设完善公共设施，为组织和个人践行文明行为提供基础保障；建立健全文明行为促进工作目标责任制度与监督考核制度，明确政府职责定位，保障政府作用发挥；积极开展文明街道、文明村镇、文明单位、文明家庭、文明校园等群众性精神文明创建活动，教育、引导组织和个人参与文明行为促进工作；加强宣传教育，在公共媒体开设专栏，对文明行为先进事迹进行宣扬，对不文明行为依法依规予以曝光等；市、县（区）人民政府有关部门应当明确责任、多方配合，在各自职责范围内做好文明行为促进工作。同时，文明行为促进工作仅依靠政府的倡导和保障是不够的，还要运用法治手段解决道德领域的突出问题。通过强制性规范提高立法刚性，加强对群众反映强烈的失德行为的治理；同样要为组织和个人设定义务，以立法守住社会道德底线。

（二）落实多元主体共建共治共享

社会治理现代化的核心要义是实现共建共治共享，文明建设领域亦是如此。文明行为促进立法涉及社会生活的方方面面，不文明行为无时无刻、无处不在。要想全面治理不文明行为，不能由党政机关统揽包办，而是应当有效统筹社会各方资源，一同提升城市文明水平与市民文明素质。多元主体共治作为解决政府执法资源有限与不文明行为面广量大之间突出矛盾的最有效机制，也是部分发达国家（如德国、新加坡等国）以及我国一些先进地市文明行为促进立法的基本经验。

文明行为事关全体市民的日常生活，实际的执法任务是不可估量的，很难想象执法者能够全天候、无死角地覆盖全部执法领域，由此可知，文明行为促进立法的突出难题是执法力量不足。[①] 在问卷调研与各界座谈会中，政府部门、社区代表、市民群众和专家学者纷纷建议在立法中明确党政机关和社会组织促进文明行为的基本职责，并建议发动群众参与，群防群治，即文明行为促进工作应当建立党委统一领导、政府组织实施、部门分工负责、全社会共同参与的工作格局，形成共建共治共享的长效机制。具体包括六个层面的分工与协同：一是市、县（区）精神文明建设委员会及其办事机构负责统筹协调、督促检查；二是市、县（区）人民政府应当组织实施，城市管理、环保绿化、交通运输、旅游、教育、治安、医疗卫生、市场监管等政府部门应当各司其职，共同做好文明行为促进工作；三是乡镇人民政府、街道办事处应当将文明行为促进工作纳入基层社会治理，与文明街道、文明乡镇创建相结合，推进具体工作落实，以及基

---

① 蔡金荣：《文明行为地方立法：条件、法理、经验与问题》，载《中共宁波市委党校学报》2019 年第 4 期。

层文明建设；四是指导和支持居民委员会、村民委员会加强文明行为的宣传、教育、引导，鼓励在自治章程、村规民约中约定文明行为相关内容，协助做好文明行为促进工作；五是鼓励国家机关、社会团体、企事业单位以及其他组织制定文明行为守则和引导措施，在任职培训、岗位培训内容中纳入文明行为培训，并积极承担促进文明行为的社会责任；六是任何组织和个人有权对文明行为促进工作提出意见和建议，对不文明行为进行劝阻、举报，对相关部门、单位不履行文明行为促进工作职责的情况予以投诉、反映。

坚持政府主导与社会共治相结合的原则，在立法中落实多元主体共建共治共享机制，要特别明确对行业协会、社会团体、企业事业单位等社会中间体的要求和责任，这正是惠州市文明行为促进立法的一个重要特色和亮点。比如，在立法中明确规定公共场所、公用设施运营管理者的责任，规定快递外卖、旅游、物业、保安等服务领域从业者的责任，规定大型社会活动组织者的责任等，明确社会中间体在文明行为促进中的作用和责任，统筹推进和调动各方面积极参与文明行为治理，真正依靠社会力量促进惠州城市文明建设。

（三）彰显惠州精神文化特色

地方立法的原则应该是不抵触、有特色、可操作、重实效。惠州市文明行为促进的立法要体现惠州市文明建设中最突出的特色和要求，强调需要立法引领的内容，使立法能够推进惠州市的精神文明建设，推进惠州市文明城市的创建，弘扬"崇文厚德，包容四海，敬业乐群"的惠州精神，提升市民道德素质，① 培育市民文明行为。

惠州市在多年来的文明创建过程中，积累了很多宝贵经验与良好做法，如何吸取好的经验，如何展现具有客家特色的惠州文明风范，更好地发挥地方立法的引领和推动作用，值得加以认真考虑。

---

① 林文通：《拟建"诚信惠州"网络创新四项机制》，载《南方日报》2012 年 8 月 20 日。

（四）突出鼓励支持与重点治理

习近平总书记曾指出："人民群众对立法的期盼，已经不是有没有，而是好不好、管用不管用、能不能解决实际问题。"① 确定立法规范和调整的文明行为范围，关键是找准市民群众反映强烈的"痛点"问题，达成共识。因此，惠州市文明行为促进立法要突出重点治理的思路，坚持问题导向，不求大而全，而要聚焦惠州文明建设领域急需的、已经达成共识的内容进行规范。具体而言，对重点治理的不文明行为，立法不可能一步到位、全面治理，而是要分步推进，对于看准了的、有共识的、能实施的先予规定，而且要规定得明确具体、切实管用。反之，对于是否入法、如何入法存在较大分歧的不文明行为，可暂不纳入本次立法，通过建立不文明行为目录管理制度，由惠州市精神文明建设委员会或惠州市政府有关部门，根据惠州市文明行为促进工作的现状和文明行为指数评价结果等方面，制定不文明行为负面清单，待条件成熟时再纳入立法调整范围，使条例既能立足当下，又能兼顾长远。

问卷调查结果显示，最受市民群众认可的六类文明行为是见义勇为、文明出行、文明就餐、讲究卫生、志愿服务、乐善好施。而市民普遍认为最不文明的十类行为包括随地吐痰、便溺，乱扔乱倒废弃物；遛犬不牵引，犬粪便不清理，违规饲养大型犬、烈性犬；社区楼道内乱堆乱放杂物；在禁止吸烟的公共场所吸烟；机动车乱停靠、乱鸣笛、乱变道，斑马线前不礼让；不遵守交通信号灯，乱穿马路，翻越交通护栏；在公共建筑上乱写乱画，乱贴小广告；高空抛物；践踏花草、破坏绿化，损坏公物；网络不文明行为。② 可见，无论是文明行为，还是不文明行为，市民的内心都有较为统一的共识，此类共识应当成为文明行为促进立法的主要抓手。

---

① 参见中国共产党新闻网，《习近平论立法质量：不是什么法都能治好国》，cpc.people.com.cn/xuexi/n/2015/0512/c385474-26985149.html，最后访问日期：2023 年 4 月 28 日。

② 参见附件 5《调查问卷分析报告》。

1. 在条例中，鼓励与支持的内容应当包括：

（1）鼓励和支持开展文明单位、文明社区、文明村镇、文明家庭、文明行业、文明服务品牌等群众性精神文明创建活动，对表现突出、成绩显著的，按照有关规定予以表彰和奖励；

（2）鼓励和支持国家机关、企业事业单位、社会组织和个人以提供资金、技术、劳动力、媒介资源等形式对文明行为促进活动提供支持；

（3）鼓励全社会关爱空巢老人、留守儿童、困境儿童、失独家庭、残疾人和外来务工人员的未成年子女；

（4）鼓励和支持全民阅读，倡导终身学习；

（5）鼓励和支持无偿献血、捐献造血干细胞、遗体和人体器官（组织）；无偿献血、捐献造血干细胞、遗体和人体器官（组织）的，可以在人体组织及器官移植、临床用血等方面，依法获得优先、优惠待遇；维护捐献者意愿和尊严；

（6）鼓励实施与自身能力相符的见义勇为行为；奖励和表彰见义勇为人员，保护其合法权益，并在其需要时为其提供法律援助和其他帮助。鼓励单位和个人向见义勇为基金会、见义勇为人员进行捐赠或者捐助；县级以上人民政府及其有关部门应当按照规定，对为见义勇为事业作出贡献的单位和个人给予表扬、奖励；

（7）户外广告牌、电子广告屏、公交候车亭、公共汽车以及建设工地围挡（栏）等应当按照有关规定的比例要求持续发布公益广告；鼓励企业、个人参与设计、制作与城市景观相融合、与城市历史文化相承接、与市民接受方式和欣赏习惯相契合的公益广告；

（8）鼓励和支持志愿服务活动。建立志愿服务保障与激励机制，参加社会志愿服务活动表现突出、成绩显著的，可以按照有关规定给予表彰和奖励；鼓励企业事业单位和其他组织在同等条件下优先录用有良好志愿服务记录的志愿者；

（9）鼓励单位和个人开展赈灾捐赠、扶贫、助残、救孤、济困以及助老、助学、助医等慈善公益活动，依法保护慈善活动当事人的合法权益；对从事慈善公益活动成绩突出的，按照有关规定予以表彰和奖励；

（10）鼓励和支持公民为需要紧急救助的人员拨打急救电话，并提供必要帮助；鼓励和支持具备急救技能的公民，对需要急救的人员实施紧急救助；紧急救助行为受法律保护；

（11）鼓励和宣传倡导文明健康的生活方式、文明习惯。

2. 在条例中，重点治理的不文明行为应当包括：

（1）在交通方面，如行人不按照交通信号指示通行，乱穿马路，翻越交通护栏；非机动车闯红灯，逆向行驶，不按规定车道通行；驾驶机动车不按规定车道行驶，逆向行驶，随意变更车道，不规范使用灯光，行经斑马线不礼让行人，在车行道、人行道、应急车道和其他妨碍交通的地点任意停放；向车外抛洒物品；干扰驾驶人安全行车；客运经营者违反规定在车站、机场、码头招揽旅客的；

（2）在公共场所方面，如从建（构）筑物中向外抛物；在公共建筑物、公共设施设备上乱写乱画、乱贴小广告；随地吐痰、乱扔垃圾；在住宅小区楼道、绿地等共用部位乱堆杂物，私自种植蔬菜等农作物或者其他植物；制造生活噪声干扰他人正常生活；遛犬不牵引，犬便不清理；在禁止吸烟场所或者排队等候队伍中吸烟；以谩骂、起哄等不文明方式扰乱文化、体育等大型群众性活动的秩序；

（3）在网络方面，如网络语言粗俗，低级庸俗、封建迷信等网络信息的传播等；

（4）在文明旅游方面，惠州市属于旅游大市，2018 年惠州全市累计接待游客 5892.77 万人次；[①] 旅游涵盖了吃住行及游购娱，跨度较大，以至于不文明的行为和冲突较多，影响较广，应予以重点规范；

（5）在公民卫生习惯及生活方式方面，新冠肺炎疫情以来，"禁止买

---

① 谢宝树：《去年我市接待游客 5892 万比增 9.26%》，载《惠州日报》2019 年 1 月 8 日。

卖、食用野生动物"的呼声不绝，国家已然立法。因此，非常有必要在条例中明确规定"爱护野生动物，拒绝伤害、捕捉、猎杀、买卖和食用受保护的野生动物，拒绝买卖、使用非法野生动物制品"的条款。

（五）推进志愿服务融入条例立法

推进志愿服务融入条例的立法，对惠州全市的志愿服务在党建工作、领导体制、运行机制、信息管理平台、激励回馈、培训管理和权益保障等方面进行规范，有助于深入推进惠州市的志愿服务工作。

2014 年，中央精神文明建设指导委员会出台的《关于推进志愿服务制度化的意见》指出，我国的志愿服务还处在初始阶段，活动开展不够经常、体制机制不够完善、服务水平不够高等问题，在一些地方不同程度地存在。解决上述问题，关键在于健全志愿服务制度。2017 年，国务院颁布的《志愿服务条例》对志愿服务的基本原则、管理体制、权益保障、促进措施等作了全面规定。同年，党的十九大报告亦明确提出："要推进志愿服务制度化，强化社会责任意识、规则意识、奉献意识。"2019 年，中共中央、国务院印发的《新时代公民道德建设实施纲要》提出，"推动社会诚信、见义勇为、志愿服务、勤劳节俭、孝老爱亲、保护生态等方面的立法工作"。

近年来，惠州市广大志愿者围绕扶危济困、应急救援、文明交通等方面，广泛开展形式多样的志愿服务活动。志愿精神日益深入人心，志愿者队伍不断发展壮大，志愿服务活动也在惠州市城乡基层蔚然成风。然而，惠州市志愿服务仍然缺乏完善的长效工作机制和活动运行机制，故而有必要将志愿服务融入文明行为促进条例的立法之中，以推进志愿服务工作，完善强化制度建设。具体而言，包括规范志愿者招募注册，加强志愿者培训管理，建立志愿服务记录制度，健全志愿服务激励机制等。

（六）形成奖善罚恶机制

条例制定的目的在于引导和促进文明行为，培育和践行社会主义核心价值观，提升公民思想觉悟、道德水准、文明素养及社会文明程度。条例内容对象是"文明行为"，价值导向在于"促进"，故建议应当在侧重强调倡导、激励文明行为的正面促进作用的同时，辅之处罚、约束。条例要坚持"倡导、鼓励、教育"与"处罚、约束"并举的原则，内容围绕规范社会公共领域的文明行为，篇幅以正面倡导性条款为主，以负面处罚性条款为辅。假如条例以"不得"的禁止性条款为主，则显得更倾向于"文明行为管理条例"。

文明行为的培育需要一定的过程，而且大部分的违法不文明行为已在《中华人民共和国治安管理处罚法》《中华人民共和国未成年人保护法》《中华人民共和国道路交通安全法》《广东省志愿服务条例》《广东省见义勇为人员奖励和保障条例》《广东省森林公园管理条例》《广东省城乡生活垃圾处理条例》《广东省爱国卫生工作条例》《广东省环境保护条例》《惠州市西枝江水系水质保护条例》《惠州市历史文化名城保护条例》《惠州西湖风景名胜区保护条例》《惠州市罗浮山风景名胜区条例》等法律法规中作了相应的规定。

因此，文明行为促进立法应当以对文明行为的倡导和奖励为主，建立有效的利益引导机制，更多地通过典型示范、表彰奖励、积分落户、礼遇优待、诚信建设等方式，加强柔性引导。同时，法之所以为法，就在于其具有刚性和硬度。对于突破社会底线的不文明行为，应当明确法律责任，规定惩戒措施，让不文明行为人承担相应的法律后果。不过，惩罚并非目的，而是用于警醒不文明行为人，助其养成良好的文明行为习惯。并且，设定和实施处罚要符合过罚相当原则，与不文明行为的性质、情节以及社会不良影响程度相当，避免畸轻畸重。

（七）建立公众监督制度

为促进全社会文明水平的提升，应当着力保障公众的监督权。此举有利于有效制止不文明行为，以及督促相关部门、单位依法履职。因此，建议惠州市参照他市文明行为促进立法的成熟经验，将监督权相关的条文设置如下：

（1）承担文明行为促进工作的有关部门可以聘请文明行为义务劝导员、监督员，协助做好文明行为宣传、引导，以及不文明行为劝阻、制止等工作；

（2）各单位应当对其工作场所、营业场所或者服务区域内所发生的不文明行为进行劝阻、制止；不服从劝阻、制止的，应当报告有关行政执法部门并协助取证；

（3）单位和个人有权利用手机、行车记录仪等电子设备，录制、拍摄不文明行为，并向有关部门投诉、举报；

（4）市、县（区）级文明委机构及政府相关部门应当设立投诉、举报平台并及时查处、反馈结果。受理投诉、举报的相关部门应当为投诉人、举报人保密；

（5）行政执法部门怠于履行职责或者滥用职权、玩忽职守、徇私舞弊的，应当由相应机关对直接负责的主管人员和其他直接责任人员依法予以处分；构成犯罪的，依法追究刑事责任。①

（八）保障市民参与立法全覆盖

"开门立法"是促进立法科学化的有效途径，也是遏制"部门利益法制化"的有力武器。作为创制社会规范体系的立法的活动，其科学性不仅体现在创制的法律文本结构严谨合乎逻辑，更体现在创制的法律符合社会实际。"开门立法"、广开言路、广纳民意，在立法过程中最大限度地尊重和发挥民意和民智，才能创制出得民心的、切合社会实际的法律，才能真正实现立法的科学。② 在条例制定过程中，一方面，要始终遵循"民主立法"和"科学立法"的原则，依托新媒体多渠道，采用新工具，通过民意调查，以及举行新闻发布会、座谈会、论证会、立法协调会等形

---

① 盘锦市人大常委会：《用法治力量激扬文明新风》，载《盘锦日报》2020 年 4 月 8 日。
② 王新、江莹：《试论依法治国大格局下政府行政立法问题及对策》，载《浙江工商职业技术学院学报》2015 年第 1 期。

式，充分广泛征集各方面的意见，使立法更好地集中民智、体现民意、符合民心。另一方面，坚持奉行"开门立法"的做法，进一步加强立法宣传工作，通过各类主流媒体、新媒体及各种宣传栏、公益广告等平台，广泛宣传立法的可行性、必要性及立法进展情况，使立法工作做到家喻户晓，并引导市民积极建言献策。例如，通过多渠道开展立法前调查问卷发放工作，将现场发放调查问卷与网络调查相结合，加大民意调查的广泛性及针对性，尽量扩大调查问卷的覆盖面。

（九）创设"惠州市文明行为记录平台"

文明创建需要树立正面典型，用正面典型引路，推动文明形成风尚；同时也需要树立负面典型，公开曝光负面典型的不文明行为，用以警示社会、警醒世人。阳光是最好的催化剂，也是最好的除菌剂。将文明行为广而告之，使不文明行为公之于众，既可以促进公民文明素质和社会文明程度提高，又在客观上唤醒了不文明行为人的羞耻心及敬畏心。

因此，相对于建立不文明行为的信用体系而言，由惠州市文明委机构创设惠州市文明行为记录平台是较为直接、适当、可行的城市治理手段。一方面，在文明行为记录平台上，对获得文明单位、道德模范、身边好人、优秀志愿者等荣誉称号的单位和个人予以公布。另一方面，对影响恶劣的不文明现象予以曝光。事实上，由于部分市民欠缺文明意识与素养及公民道德感，使自身不文明行为成为习惯，有必要对其采用务实的警示教育。

但是在创建文明行为记录平台过程中，应当注意两个方面：一方面，应当在征得相关单位、个人的同意后，再公布其荣誉称号；另一方面，在平台上曝光影响恶劣的不文明现象时，应当有所限制。因为国家机关公布不文明行为，是以国家权力影响公民私权的行为，权力滥用会涉嫌侵犯个人权益，故需要在个别方面加以限制。一是明确曝光途径方式，即通过市、县（区）级人民政府设立的不文明行为曝光平台发布相关信息进行曝光；二是限定曝光信息范围，所曝光的信息仅限于"受到行政处罚且社会影响恶劣、群众反映集中的不文明行为",未及此程度的信息禁止曝光;三是专门规定几种禁止曝光的信息,涉及未成年人个人信息、个人隐私、国家秘密、商业秘密以及其他法律规定不得曝光的信息等。①

(十)构建"不文明行为重点治理清单制度"

建议条例借鉴他市文明行为促进立法的成熟经验,要求惠州市、区精神文明建设委员会办公室应会同有关部门、行业协会、公共场所管理单位等,根据实际来明确需要重点治理的本地区、行业、单位的不文明行为清单。由于清单并非一成不变,而是可以根据现实状况进行调整,故其具有较强的可操作性。清单先向社会公开征求意见,在相关区域、单位和场所公示,并在确定后向社会公布。有关单位应当对清单所列的不文明行为加强提示、劝导并定期开展检查工作,执法机关则可以在法律法规规定的幅度内从重处罚。②

(十一)设立"惠州市新时代文明实践推动周"

惠州市应当建立新时代文明实践活动体系,共建共治共享新时代美好生活。要以志愿服务为抓手,设立"惠州市新时代文明实践推动周",开展一系列丰富多彩的具有惠州特色的文明实践活动,以点带面形成市县文明办组织推动,各组织和市民广泛参与,全力打通宣传群众、教育群众、关心群众、服务群众、满足群众的"最后一公里",进而提升全体市民的社会文明意识,促进全社会文明行为习惯的养成。

四、找准立法工作的着力点

为做好立法工作,切实提高惠州市文明行为促进立法质量,项目组建议从以下几个方面着力,进一步完善文明行为促进立法草案,以良法善治促进和保障惠州市社会文明建设。

---

① 盘锦市人大常委会:《用法治力量激扬文明新风》,载《盘锦日报》2020年4月8日。
② 张玮:《深圳将设不文明行为 重点治理清单制度》,载《南方日报》2020年1月3日。

（一）厘清倡导规范和禁止条款的内涵与外延

文明行为促进立法的要旨就是要辨析哪些行为应当纳入本次立法的调整范围，条例中规定的文明行为规范和不文明行为规范是立法的核心和重点。因此，起草条例草案首先要进一步厘清文明行为和不文明行为清单，对此，建议研究倡导规范和禁止条款的范围，是否有重要漏项。比如，在公共场所袒胸露背、在社区楼道内乱堆乱放杂物等行为，都是问卷调查中市民群众集中关注的不文明行为，因此需要进一步借鉴其他地区的文明行为立法经验和技术，研究其法律规范意义上的内涵与外延，确立和规范执法标准。

（二）完善倡导规范和禁止条款的奖惩措施

与文明行为和不文明行为清单相对应，条例中应规定具体的奖惩措施，这是将道德规范上升为法律规范的立法要义，也是法之为法的强制力体现。因此，一方面，要进一步与有关部门研究，厘清条例草案中规定的积分落户、帮扶优待、优先享受公共服务等奖励措施的落地落实问题，使之符合上位法规定和公平正义的法治精神和原则。另一方面，受《中华人民共和国行政处罚法》等上位法的限制，地方立法可以规定的惩罚措施比较单一，基本上仅限于警告和罚款两种，不仅形式过少，而且威慑力不足。为了解决这个问题，在各地文明行为促进立法中，都或多或少地创新创设了信用联合惩戒、文明行为记录、公开曝光、抄告抄送和社会服务等法律责任形式，以便更有效地实现治理不文明行为的立法目的。惠州市文明行为促进的立法也需要结合惠州的社情民意，适当地引入文明行为记录、信用联合惩戒、社会服务等法律责任形式。为此，在后期完善条例草案的过程中，还需要充分调研、科学论证，出台相关配套文件，尽可能明确、细化地规定不文明行为记录、信用联合惩戒等奖惩措施的适用范围和条件，规定社会服务的种类、规则和程序等，防范因这些责任形式被滥用而侵犯公民的合法权益。

（三）加强文明行为促进立法实施与保障制度

法律的生命在于实施，文明行为促进立法尤其如此。惠州市在交通、旅游、环境卫生等方面都有相应的文明行为规范，但是部分规范的执行效果并不理想，其中重要原因在于执法机关不明，以及执法力量不足。因此，文明行为促进立法应当明确执法机关，建议针对拟进入立法调整范围的不文明行为的责任主体、法律责任形式、执法机制等问题开展研究，达成共识，确保每一项禁止条款对应的惩戒措施都有明确的执法主体、标准和程序，在出现争议时，有明确的解决途径，力求使立法规定的每一项不文明行为都能执法到位、实施落地。

此外，在涉及罚款等财产性制裁措施的强制执行上，如何建立执法与司法的协调机制，也是此次立法可以进一步研究的问题。以司法来衔接和保障行政执法的权威性，不仅是域外文明行为立法的有效经验，也是我国一些地方探索和试点城市管理的司法保障途径和方式的重要举措。项目组认为，将对不文明行为执法纳入司法保障范围，在制度上及司法力量上都具有可行性。如果立法时，相关条件仍不成熟，也可以在立法后进一步研究和推进执法与司法的协调机制，以保障和增强文明行为促进立法的刚性。

（四）做好相关条例和现行法律法规的有效衔接

首先，文明行为促进立法事项面广、量大、点多，故可以采取单行立法和综合立法相结合的立法模式。通过两者之间的明确分工与紧密协作，形成较为完善的文明行为规范体系。截至 2022 年 10 月，梳理惠州市现行有效的法规规章发现，在推进社会文明方面，惠州市已相继出台了《惠州市西枝江水系水质保护条例》《惠州市历史文化名城保护条例》《惠州西湖风景名胜区保护条例》《惠州市罗浮山风景名胜区条例》《惠州市市容和环境卫生管理条例》等地方性法规，同时，正在制定"惠州市公园管理条例""惠州市物业管理条例""惠州市城市养犬管理条例"等地方性法规。

其次，条例属于基础性、综合性的立法，为保证条例与前述法规规章的协调和衔接，应对上述单行法规规章中规定的不文明行为范围、违法行为处罚种类与幅度、违法行为执法主体等进行系统梳理和研究，对可以继续适用的作指引性规定，不作重复立法；对经济社会发展中产生的新的不文明行为作补充规定；对不适应经济社会发展要求的现有法规予以重新规定，并在文明行为促进立法过程中或立法后，提出对惠州市文明行为促进立法规范体系进行清理和"立改废释"的建议。

最后，惠州市文明行为促进立法是一项系统工程，涉及面广、调整关系复杂，需要从惠州城市定位、市民素养提升、全社会共同参与等多个维度出发，以点带面、循序渐进予以推动，兼顾现状与长远，统筹考虑立法的价值取向和现实情况，以满足精神文明建设法治化的现实需要。

（五）充分借鉴国内外城市文明行为立法的经验

随着经济的发展和社会文明水平的提高，人们对行为文明程度的要求必然相应提高，[1] 进而用法律规范对文明行为加以确认、巩固和提升，成为世界各国和地区进一步提升城市文明水平的现实需求。纵观世界各国和地区，都倾向于采用严明的立法和严格的执法来保障重要价值观和行为规范的普遍遵循。

我国文明行为促进立法，是提升市民文明素质、城市文明程度，推动精神文明建设的有效路径与关键着力点。城市精神文明建设，既是一种生活氛围的塑造，也是一种社会信仰的构建，需要通过法治思维、法治手段来同步推进。2018 年 5 月，中共中央印发的《社会主义核心价值观融入法治建设立法修法规划》指出，探索制定公民文明行为促进方面法律制度，引导和推动全民树立文明观念，推进移风易俗，倡导文明新风。如

---

[1]　蔡金荣：《文明行为地方立法：条件、法理、经验与问题》，载《中共宁波市委党校学报》2019 年第 4 期。

今，国内 200 余个城市已经为文明行为促进进行了立法。

他山之石，可以攻玉。境内域外文明行为立法的成熟经验都值得认真分析研究和参考借鉴。项目组梳理分析了国外和国内其他地区的文明行为立法概况，总结其立法的特点和经验，包括综合立法与单行立法相结合的立法模式，强调立法的精细性和可操作性，尽量使不文明行为执法简便易行，惩戒措施层层递进形成威慑，以立法保障城市形象和文明等。同时，项目组梳理分析国内的立法情况，找出共性，寻求差异性，力图制定出凸显惠州特色、能够有效实施的法规。上述经验做法可以在条例制定过程中作进一步的研究、借鉴。

（六）明确治理不文明行为的执法保障机制

2015 年，习近平总书记在十八届中央政治局第二十四次集体学习时的讲话引用"盖天下之事，不难于立法，而难于法之必行"，旨在强调法规制度的生命力在于执行。[1] 加强城市法治化建设，重点正是在于保障法律实施。因此，建议条例可以参考他市文明行为促进立法经验，完善对于不文明行为的执法保障机制，以提升城市治理的现代化水平，进而推进城市治理法治化、规范化、程序化。

首先，条例应当规定不文明行为处罚措施，同时明确执法主体，使每一种针对不文明行为的处罚措施都由相应的行政执法部门作出。[2]

其次，条例应当强化执法部门执法手段，保障对不文明行为处罚的有效实施。例如，建议条例规定：第一，行政执法部门根据有关法定职责，可以按照收集并核实的视频、照片、现场记录等信息对不文明行为进行查处；第二，行政执法部门应当建立查处不文明行为执法信息共享机制；第三，行政执法部门查处不文明行为，需要相关部门提供必要信息的，相关

---

[1] 参见中央纪委国家监委网站，《学讲话·品典故｜天下之事，不难于立法，而难于法之必行》，https://www.ccdi.gov.cn/toutiao/201906/t20190612_195392.html，最后访问日期：2023 年 4 月 28 日。

[2] 徐丽、李国惠：《治理微小不文明 成就城市大文明》，载《天津日报》2019 年 4 月 3 日。

部门应当按照有关规定提供。①

最后，条例应当规范行政执法人员文明执法，以及完善投诉、检举制度。治理不文明行为，既要求行政执法人员应当规范执法、文明执法，以优良的文明素质对社会起到示范作用，又要求有关部门单位建立投诉、检举制度，拓宽社会监督渠道。故建议条例规定：第一，行政执法部门应当加强对执法人员的管理和培训，逐步提升文明执法能力和水平。执行职务时按照规定出示执法证件，全程记录执法过程。按照规定着装，仪容严整、举止端庄、语言文明。第二，文旅、教育、公安、网信、发改、住建、民政、城管执法、交通运输、农业农村、市场监管等有关部门应当向社会公布受理举报、投诉的方式和途径。通过上述规定，一方面为群众投诉、举报不文明行为提供便利；另一方面也为群众进一步参与和监督治理不文明行为的工作开辟渠道，从而确保条例制定后能够落地，真正可执行。②

法安天下，德润人心。用"良法"保障"善治"，惠州市运用法治手段解决市民反映强烈的不文明、不道德、不诚信等突出问题，正踩出一个个坚定的脚印，文明之花正在惠州市民心中灿烂绽放。

---

① 徐丽、李国惠：《治理微小不文明　成就城市大文明》，载《天津日报》2019 年 4 月 3 日。
② 徐丽、李国惠：《治理微小不文明　成就城市大文明》，载《天津日报》2019 年 4 月 3 日。

附件1：惠州市文明行为促进条例
（专家建议稿）

第一条【立法目的】 为了培育和践行社会主义核心价值观，传承和弘扬中华传统美德，提高公民思想觉悟、道德水准和文明素养，引导和促进文明行为，推动社会文明进步，提升惠州文明建设水平，根据有关法律法规，结合本市实际，制定本条例。

第二条【适用范围】 本市行政区域内的文明行为促进及相关工作，适用本条例。

本条例所称文明行为，是指以社会主义核心价值观为引领，遵守宪法和法律法规，彰显社会公德、职业道德、家庭美德、个人品德，维护公序良俗，体现社会文明进步的行为。

第三条【原则与机制】 文明行为促进工作应当与惠州经济社会发展相适应、与"惠民之州"城市形象相契合，坚持法治和德治相结合、治理和倡导相结合、自律和他律相结合，构建党委统一领导、政府组织实施、部门各负其责、社会共同参与的工作机制，推动城市文明共建、共治、共享。

第四条【工作职责】 市、县（区）人民政府应当将文明行为促进工作纳入国民经济和社会发展规划，所需经费列入本级财政预算。

市、县（区）精神文明建设委员会统筹推进本行政区域内的文明行为促进工作，指导、推动、督促本地各部门落实精神文明建设工作。市、县（区）精神文明建设委员会办事机构负责本行政区域内文明行为促进工作的组织协调、督促检查等工作。

网信、发展改革、教育、工业和信息化、公安、民政、司法、财政、人力资源和社会保障、自然资源、生态环境、住房和城乡建设、交通运输、农业农村、商务、文化广电旅游体育、卫生健康、应急管理、国有资产监督管理、市场监督管理、城市管理和综合执法等部门，应当在各自职责范围内做好文明行为促进工作。

乡镇人民政府、街道办事处应当做好本辖区的文明行为促进工作。

村（居）民委员会应当加强文明行为的宣传、教育和引导，推动将文明行为基本要求纳入村规民约、居民公约，协助做好文明行为促进工作。

工会、共青团、妇联、科协、社科联、文联、侨联、残联、红十字会、工商联等群团组织应当在各自工作范围内做好文明行为促进工作，组织开展具有群团特色的文明行为促进活动。

企业事业组织、新闻媒体、行业协会和其他社会组织，应当协助、支持和参与文明行为促进工作。

第五条【宣传引导】 广播、电视、报刊、网络、手机客户端、户外广告等大众传播媒介应当积极宣传文明行为促进工作，刊播文明行为促进公益广告，传播文明行为先进事例，监督不文明行为。

图书馆、博物馆、文化馆及其他文化体育场馆、爱国主义教育基地、红色教育基地、科普教育基地和研学实践教育基地等，应当结合各自特点开展文明行为宣传教育工作。

鼓励单位和个人创作、传播有益于文明行为促进的作品，参与文明行为公益宣传。

第六条【公共场所秩序文明行为规范】 在维护公共场所秩序方面，自觉遵守下列文明行为规范：

（一）着装整洁，举止得体，待人礼貌，语言文明，不大声喧哗、争吵谩骂；

（二）等候服务、办理事务时，遵守公共场所经营管理单位设置的

"一米线"等文明引导标识，依次排队，有序礼让；

（三）在公共场所和公共交通工具内使用手机等电子设备时控制音量，不影响他人；

（四）在广场、公园等公共场所开展娱乐、健身等活动时，遵守公共场所有关活动区域、时段、音量等管理规定，防止噪声扰民，影响通行；

（五）观看电影、演出、展览、比赛等，遵守秩序和礼仪，不影响其他观众，不向场内抛掷物品，不损坏现场设施；

（六）依法依规饲养宠物，采取必要的安全措施，避免宠物伤害、惊扰他人、污损环境；不虐待、遗弃宠物；

（七）操控无人机等智能设备应当遵守相关规定，不得危害公共安全和侵害他人权益；

（八）未成年人在公共场所活动时，监护人恪尽监护责任，教育和引导未成年人不影响他人，不危及自身及他人生命财产安全；

（九）不在公园景区以及江河湖海等禁止钓鱼、游泳区域垂钓、游泳，不在海滩和滨海区域裸晒、裸泳；

（十）不攀爬、跨越和破坏围墙、栅栏、绿篱，不攀折树枝、不损坏绿地；

（十一）不从建筑物、交通工具内向外抛掷物品，不在室外悬挂、摆放危害公共安全的物品，防止建筑物的附属物、悬挂物或者搁置物掉落造成损害；

（十二）不在公共场所随意躺卧；

（十三）遇到突发事件时，服从指挥，配合应急处置，有序疏散；

（十四）其他公共场所秩序文明行为规范。

第七条【公共交通文明行为规范】 在维护交通安全秩序和文明出行方面，自觉遵守下列文明行为规范：

（一）行人在人行道内行走，没有人行道的靠右侧路边行走，不闯红灯，不乱穿马路，不跨越、倚坐道路隔离设施；

（二）不在车行道上停留、拦车或者散发广告、兜售物品等；

（三）乘坐公共交通工具时，遵守乘坐规则，主动为老、弱、病、残、孕以及怀抱婴儿的乘客让座，主动往空位移动避免拥挤；

（四）驾驶电动自行车等非机动车时，按照规定悬挂号牌，佩戴头盔，靠右行驶，不闯红灯、不逆行、不超员，超越行人时提前减速示意；

（五）驾驶车辆时，不实施拨打接听手持电话、观看视频等妨碍安全驾驶的行为，不随意变道、穿插、加塞、占用应急和公交专用车道，不违规使用灯光和喇叭；

（六）驾驶车辆时，至人行横道、学校附近或者积水路段减速行驶，遇到行人穿行人行横道停车让行，遇到正在执行任务的警车、消防车、救护车、工程救险车等特殊车辆主动让行；

（七）遇到无红绿灯或者多道并入主车道会车行驶且道路狭窄时，保持拉链式通行，有序行驶；

（八）车辆停放在停车场和规定的停车泊位内，规范停车，不占用人行道、盲道、无障碍通道、消防通道、城市绿地、绿道、碧道等，不占用公共空间私设停车位；

（九）公共汽车、出租汽车、网络预约车驾驶人文明待客、规范服务，保持车辆干净整洁，不违规停靠，不抢客、欺客、甩客和无故拒载；

（十）快递、外卖等物流配送从业人员严格遵守交通安全规范，不得实施妨碍道路交通安全的行为；

（十一）接送学生的车辆有序停放，学生提前上下车辆，避免造成学校路段拥堵；

（十二）其他公共交通文明行为规范。

第八条【公共卫生文明行为规范】 在维护公共卫生方面，自觉遵守下列文明行为规范：

（一）维护公共场所干净、整洁，爱护公共设施，不乱张贴、乱涂写、乱刻画；

（二）分类投放垃圾，不随地扔垃圾；无害化处理宠物尸体，不随意抛弃和掩埋；

（三）讲究卫生，不随地吐痰、便溺，文明如厕；

（四）携带宠物外出即时清理排泄物；

（五）文明祭祀，不随意焚烧、抛撒、放置丧葬祭奠物品；

（六）不在露天场所和垃圾收集容器内焚烧秸秆、落叶、杂草、塑料等垃圾或者其他废弃物；

（七）不在禁止的时段和区域内燃放烟花爆竹；

（八）不在"禁止吸烟"场所吸烟，在非"禁止吸烟"场所吸烟时主动避开他人；

（九）从事加工制作、传菜、配送、外卖等直接接触入口食品工作的餐饮服务从业人员，在工作时应当规范佩戴清洁的口罩；

（十）在公共场所咳嗽、打喷嚏时遮掩口鼻，患有流行性感冒等传染性呼吸道疾病时佩戴口罩，必要时按规定实行自我隔离；

（十一）患有传染病时，及时主动治疗，配合相关检验检疫，按规定如实报告相关情况；疫情期间，遵守相关规范及防控要求；

（十二）遵守医疗秩序，尊重、理解医护人员，关心爱护、平等对待患者；

（十三）其他公共卫生文明行为规范。

第九条【社区文明行为规范】 在维护社区文明方面，自觉遵守下列文明行为规范：

（一）遵守社区居民公约、管理规约，配合社区工作者、物业服务企业依照有关规定开展管理和服务工作；

（二）爱护公共物业和其他公用设施设备，不损坏不占用公用设施、公共区域，不私接管线，不乱搭乱建；

（三）从事房屋装修、开展家庭活动不影响他人；

（四）规范有序停放车辆，保持消防通道和其他公共通道畅通，不妨碍他人正常通行；

（五）遵守用电安全规定，不私自拉设电线、电桩、插座给电动车辆充电，不在集中充电场所存放可燃、易燃、易爆物品；

（六）不在居民小区饲养家禽、家畜，不占用公共空间、空地饲养、种植等，房屋内饲养宠物、种植花草，不影响他人；

（七）邻里之间和睦相处，相互尊重，相互帮助；

（八）其他社区文明行为规范。

第十条【乡村文明行为规范】 在参与美丽乡村建设、助力乡村振兴方面，自觉遵守下列文明行为规范：

（一）关心集体，遵守村规民约，共建文明乡风民风；

（二）保持房前屋后整洁，不随意堆放垃圾、土石、柴草等杂物，不在道路上打场晒粮；

（三）圈养家禽家畜保持圈舍卫生，不影响周边环境和他人生活；

（四）移风易俗，摒弃薄养厚葬、人情攀比等陈规陋习；

（五）崇尚健康生活方式，拒绝赌博、涉毒行为，不沉迷于麻将棋牌等娱乐活动；

（六）其他乡村文明行为规范。

第十一条【家庭文明行为规范】 在培养良好家风方面，自觉遵守下列文明行为规范：

（一）珍爱家庭、重视家教、培养家风；

（二）夫妻互相忠实，互敬互爱，勤俭持家；

（三）尊敬长辈，履行赡养义务，对老人多理解、多关爱、多探望、多陪伴；

（四）关爱未成年人身心健康成长，培养其积极健康向上的行为习惯；

（五）家庭成员平等相待，不家暴，不虐待，不遗弃；

（六）其他家庭文明行为规范。

第十二条【校园文明行为规范】 在维护校园文明方面，自觉遵守下列文明行为规范：

（一）维护校园环境，爱护教学设施，遵守教学秩序，树立尊师重教的良好社会风尚；

（二）学校应当加强师德师风建设，加强学生理想信念、礼仪礼节、心理健康、法治宣传等教育，促进学生德智体美劳全面发展，培育健康向上的校园文化；

（三）教育工作者应当履行立德树人、全员育人职责，尊重学生人格尊严，关注学生身心健康，培养学生文明行为习惯；

（四）学生应当学习践行文明礼仪礼节，尊重教师，友爱同学，抵制校园欺凌；提防诈骗，不沉迷网络游戏；适度消费，不互相攀比；理智崇拜，不盲目追星；

（五）学生家长和其他人员应当协同育人，共同营造良好的教育环境，不实施扰乱教育教学秩序或者危害师生人身安全的行为；

（六）其他校园文明行为规范。

第十三条【经营文明行为规范】 在经营文明方面，自觉遵守下列文明行为规范：

（一）公平竞争，合理定价，明码标价，不强买强卖；

（二）礼貌待客、诚信经营，不作虚假或者引人误解的宣传、推销；

（三）不销售假冒伪劣商品和侵权商品，不销售不符合食品安全标准的产品；

（四）未经消费者同意，不收集、使用或者泄露消费者个人信息；

（五）不占道经营、不乱摆乱卖、不恶意竞争，不使用高音喇叭招揽顾客和推广宣传，不超标排放，保持生产经营场所整洁，履行"门前三包"责任；

（六）不在校园周边从事不利于未成年人健康成长的生产经营活动；

（七）其他经营文明行为规范。

第十四条 【旅游文明行为规范】 在旅游文明方面，自觉遵守下列文明行为规范：

（一）尊重地方历史文化传统、风俗习惯、宗教信仰和礼仪禁忌；

（二）服从旅游景区工作人员的引导和管理，爱护景区的公共设施，不乱扔垃圾，保护生态环境；

（三）爱护文物古迹、风景名胜等旅游资源，不刻画、涂写、张贴、攀爬；

（四）参观英雄烈士纪念设施和爱国主义教育场所时，不从事有损庄严肃穆氛围的活动；

（五）其他旅游文明行为规范。

第十五条 【生态文明行为规范】 在践行绿色环保生活方式、维护生态文明方面，自觉遵守下列文明行为规范：

（一）节约水、电力、燃油、天然气等资源，使用清洁能源；

（二）拒绝铺张、攀比，以节俭方式办理婚丧嫁娶和其他礼仪活动；

（三）传播健康文明餐饮文化，提倡"光盘"行动，倡导使用公筷公勺和分餐等健康用餐方式；

（四）低碳出行，优先选择步行、骑自行车或者乘坐公共交通工具出行；

（五）使用环保产品，减少使用高污染、高环境风险产品，减少使用塑料制品、一次性用品，优先使用可循环利用的产品，拒绝过度包装；

（六）不向江河湖海山塘水库等水域和耕地、林地、草地、湿地、滩涂等区域，排放各种类型的废弃物以及未达排放标准的污染物，引入或者放生破坏生态平衡的外来物种；

（七）保护野生动物，不伤害、捕捉、猎杀、买卖、食用野生动物，以及非法买卖、使用野生动物制品，不虐食动物；

（八）保护古树名木，不采摘、挖掘、砍伐珍稀乡土植物；

（九）其他生态文明行为规范。

第十六条【网络文明行为规范】 在维护网络文明方面，自觉遵守下列文明行为规范：

（一）文明互动，理性表达，不攻击、侮辱、诽谤他人，不编造、散布违法、虚假和未经证实的信息，拒绝"网暴""人肉搜索"；

（二）保守国家秘密、商业秘密，尊重个人隐私，未经授权不得公开或者以其他方式非法处理他人肖像、身份、家庭住址等个人信息；

（三）摒弃低俗和具有迷信、淫秽、暴力等内容的视听资料和其他信息；

（四）网络运营者应当营造安全健康的网络环境，不得投放含暴力、色情、游戏、赌博等诱导性的信息和广告，不得故意诱导未成年人沉迷网络游戏，不得误导、欺诈消费者；

（五）其他网络文明行为规范。

第十七条【文明执法与服务】 在行政执法和公共服务方面，自觉遵守下列文明行为规范：

（一）行政执法部门制定文明执法规范，加强执法人员培训和管理，提升执法人员文明执法能力和水平，行政执法人员工作时间着装规范、仪容整洁、言行文明，杜绝暴力执法；

（二）政务服务单位制定文明服务规范，公开服务承诺，公示办事流程和指南，推广网上预约、网上办理等信息化、大数据技术应用，为老年人、残障人士等特殊群体提供便利服务，建立高效的政务服务和投诉处理机制；

（三）供水、供电、供气、金融、通信、交通、旅游、物业、网络电商交易平台等经营者和从业人员遵守行业规范，文明服务，诚信履约，保障消费者合法权益；

（四）其他行政执法和公共服务文明行为规范。

第十八条【弘扬正气行为】 在弘扬社会正气方面，倡导下列文明行为：

（一）助人为乐，为空巢老人、留守儿童等特殊群体和行动不便或者有其他特殊困难的人员，提供力所能及的帮助；

（二）见义勇为，采取安全、适当方式依法制止违法犯罪行为、有序参加抢险救灾救人等活动；

（三）热心公益，参加无偿献血、扶贫、扶老、助残、济困、助学、医疗救助、生态环保、社会治理等慈善公益、志愿服务活动；

（四）抵制、举报封建迷信、非法宗教、邪教、传销和色情、赌博、暴力等违法、低俗活动；

（五）其他弘扬社会正气的文明行为。

第十九条【志愿服务】 市、县（区）人民政府及其有关部门建立志愿服务保障和激励机制，为志愿服务提供指导和帮助，维护志愿者和志愿服务组织的合法权益，推动"志愿之城"建设。

市、县（区）精神文明建设委员会办事机构会同民政部门和工会、共青团、妇联、红十字会、残联、工商联、科协、文联等群团组织，建立健全志愿服务组织和志愿者的登记注册、服务记录、关系转接、褒奖激励等制度，推进志愿服务制度化、常态化、专业化。

鼓励公务员、企业事业单位干部职工、专业技术人员、公众人物等带头参加志愿服务活动。鼓励企业事业单位、社会团体、其他组织和个人为志愿服务工作提供场所和其他便利条件。

鼓励志愿服务组织、志愿者在教育、科技、文化、卫生健康、体育、交通、旅游、社会保障、生态环境保护、治安防范、普法宣传、服务等领域，以及在应急救援、举办大型活动中开展志愿服务活动，积极参与社会治理与服务。

第二十条【文明实践活动】 县（区）、乡镇（街道）、行政村（社区）应当按照有场所、有队伍、有活动、有项目、有机制的标准建设新时代文明实践中心（所、站），并保障正常运行。

建立新时代文明实践活动体系，组织开展具有惠州特色的文明实践活动，鼓励设立"新时代文明实践基金"，打造文明实践示范品牌，提升全社会的文明意识。

每年三月的第一周设立为"惠州新时代文明实践推动周"。

第二十一条【便利设施】 加强城市人行道、盲道、护栏、井盖、公交站台、文体设施等市政基础设施的日常维护管理，保证设施无损坏，功能完好。

机场、火车站、汽车站、地铁站、客运码头、高速公路服务区、政务大厅、医疗机构、大型商场、景区、公园等公共场所，按照有关规定设置无障碍通道及引导标识，配备母婴室等便利设施，合理规划男女厕位比例，鼓励设置第三卫生间。

鼓励单位和个人积极参与设立惠民驿站、粤书吧等便民场所，提供饮用水、餐食加热、遮风避雨以及看书读报等便利服务。

鼓励国家机关、企业事业单位和社会组织向公众开放内设运动场、停车场、公共厕所等服务设施。

第二十二条【文明创建评选制度】 市、县（区）人民政府及其有关部门、精神文明建设委员会及其办事机构应当建立健全文明创建评选制度，组织开展文明创建评选等实践活动，引导和促进文明行为。

市、县（区）精神文明建设委员会办事机构具体负责组织开展文明村镇、文明单位、文明校园、文明家庭以及道德模范、身边好人等评选活动。

第二十三条【表彰奖励和礼遇帮扶制度】 建立健全精神文明建设先进典型表彰奖励和礼遇帮扶制度，推动"好人之城"建设。对在文明建设工作中作出突出贡献的单位和个人进行表彰和奖励。对道德模范、优秀志愿者、见义勇为人员等在学习、工作、生活方面提供礼遇帮扶。

鼓励国家机关、企业事业单位、社会团体和其他组织，对本单位模范遵守文明行为规范的人员进行表彰和奖励。

第二十四条【重点治理清单制度】 市精神文明建设委员会应当依据

本条例组织制定不文明行为重点治理清单，并根据本市文明行为促进工作的现状和目标动态调整重点治理清单内容。清单的制定和调整应当经过征求公众意见等程序，向社会公布。

市、县（区）精神文明建设委员会办事机构应当根据不文明行为重点治理清单，制定治理工作方案。市、县（区）人民政府及有关部门，应当按照治理工作方案要求，建立健全治理协作和联动机制，开展不文明行为治理监管、联合检查、联合执法等工作，并向社会公开检查和治理情况。

第二十五条【投诉、检举制度】 市、县（区）人民政府及其有关部门应当建立不文明行为投诉、举报、查处制度，公布投诉举报电话、信箱、电子邮箱、网络平台、政务服务热线等。

单位和个人有权对文明行为促进工作提出意见和建议，对不履行文明行为促进工作职责的情况予以反映、投诉，对不文明行为进行劝阻、制止和举报；对不文明行为采用拍照、录音、录像、截图等形式所做的记录，可以作为举报线索提交行政执法部门；对投诉人、被投诉人，举报人、被举报人的个人信息予以保密。

市、县（区）人民政府及其有关部门应当及时受理并依法查处不文明行为。

第二十六条【国家机关及其工作人员责任】 国家机关及其工作人员有下列行为之一的，由其上级主管部门、监察机关或者所在单位责令改正；情节严重的，对直接负责的主管人员和其他直接责任人员依法给予处分：

（一）在文明城市、文明村镇、文明单位、文明校园、文明家庭等创建工作中不履行或者不正确履行职责的；

（二）未依法及时受理投诉或者未按时对投诉事项进行处理的；

（三）未依法实施监督管理或者严格执法的；

（四）其他不履行或者不正确履行职责的行为。

第二十七条【不文明行为法律责任】 违反本条例规定实施不文明行为的，由有关行政执法部门依照相关法律法规规定予以处罚；造成损害的，依法承担民事责任；构成犯罪的，依法追究刑事责任。

违反本条例规定实施不文明行为，行为人主动消除或者减轻不文明行为危害后果的，应当依法从轻或者减轻行政处罚；不文明行为轻微并及时改正，没有造成危害后果的，不予行政处罚；初次违反且危害后果轻微并及时改正的，可以不予行政处罚；拒不改正或者多次违反的，依法从重处罚。

违反本条例规定实施不文明行为，自愿接受学习指导、参加社会服务的，可以依法从轻、减轻或者免除处罚。

第二十八条【附则】 本条例自 年 月 日起施行。

附件 2：会议纪要

一、惠州市文明办立法调研座谈会

时间：2020 年 5 月 11 日下午

地点：惠州市政府大院文明办

参会人员：惠州市委宣传部负责人、惠州市文明办负责人、惠州市志愿服务联合会负责人、惠州市志愿服务联合会实地督导部负责人、惠州市委宣传部精神文明协调科负责人、惠州市委宣传部精神文明协调科与会人、惠州市委宣传部精神文明创建科负责人、惠州市委宣传部精神文明创建科与会人、惠州文明网记者、惠州市人大常委会法工委备案审查科负责人、惠州市人大常委会法工委备案审查科助理、惠阳区委宣传部负责人、博罗县委宣传部负责人、惠州市地方立法研究中心负责人、惠州市地方立法研究中心研究员、惠州市地方立法研究中心助理

会议上，市地方立法研究中心负责人说明了此次会议的目的主要是了解近 3 年来惠州市各县区文明办在文明行为促进工作中的现状、问题和建议。

会议上，惠州市委宣传部负责人介绍了惠州市文明行为促进工作的现状和管理工作中存在的困难，希望通过立法使惠州市文明行为规范化，进一步优化惠州文明形象。惠城区、惠阳区、博罗县文明办与会人依次发言，对这次立法提供自己的意见和建议。其中，博罗县委宣传部负责人提出立法需要明确执法部门，各司其职，避免推诿扯皮，在惩戒措施上要更加有效，为了减少执法环节和成本，可以考虑建立关于文明行为的监管

制度。

为了尽快开展立法调研工作，并保证调研工作能有条不紊地进行，双方对工作的时间节点、步骤、方式等事宜进行了深入的交流，并形成了初步方案。（1）根据调研清单，收集基础材料和数据，在此基础上进行调研。调研的重难点方向：文明行为促进工作基本情况、管理现状、工作中存在的问题、工作建议等。（2）条例可参考北京市、深圳市有关法规的整体构架，根据惠州的需求，筛选出符合惠州实际的法律法规，有突破、创新地形成惠州特色。（3）形成调研计划，调研计划和撰写调研报告可同时进行，在反映惠州市文明行为精神风貌的总体状况、管理现状、存在问题的同时，需要通过立法的制度设计去解决问题等。（4）要集中力量完成调研，针对重难点的内容收集资料和数据，先形成一个调研报告的初稿，再起草草案和调查问卷分析。

此次会议后，"惠州市文明行为促进条例"立法调研工作提上日程，逐步启动。

二、惠州市市直部门立法调研座谈会

时间： 2020 年 6 月 3 日下午

地点： 惠州市政府大院文明办

参会人员： 市委宣传部精神文明协调科负责人、市交通运输局与会人、市城管执法局一支队负责人、市委网信办网络信息管理科负责人、市发改局社会发展科与会人、市教育局思政法规科负责人、市公安局指挥中心与会人、市民政局社工与慈善科与会人、市生态环境局与会人、市住建局与会人、市水利局河湖科负责人、市水利局政法移民科与会人、市农业农村局政策法规科负责人、市农业农村局党办与会人、市文广旅体局与会人、市卫健局党办与会人、市市场监督管理局法规科负责人、市妇联家庭儿童工作部负责人、市市政园林事务中心招标法务部负责人、市市容环境卫生事务中心与会人、市志愿服务联合会实地督导部负责人、市人大常委会法工委备案审查科负责人、市地方立法研究中心负责人、市地方立法研究中心研究员、市地方立法研究中心助理

会议上，市地方立法研究中心负责人说明了此次会议的目的主要是了解近 3 年来惠州市市直单位在文明行为促进工作中的现状、问题和建议。各市直单位代表依次发言，对自己部门在文明行为促进工作中的职责进行说明，并对这次立法提出自己的意见和建议。以下是会议的主要内容。

市公安局：公安部门的职责主要是负责文明交通、社会治安防控这两块。工作中的难点在于电动车非法占道，当其非法占用行人道路时无法处理。

市交通局：日常工作中主要的问题在于公共汽车、车站站场等投放公益广告量与投放商业广告的量比例协调的问题。

市城管局：在日常工作中存在执法困难的问题，例如乱丢垃圾，行为人离开，难以当即处理，以及与其他执法部门的权责需要分清的问题。

市教育局：有以下五点建议：第一，要加大校园周边整治的力度；第二，要推广家校联合网络学习平台；第三，要进一步地规范行业的管理；第四，要注重氛围的营造；第五，要加大处罚力度。

市农业农村局：立法要关注农村普法问题，建议如下：第一，结合先进文明户的评选，在农村开展先进文明户的评选活动；第二，加强农村的文化阵地建设；第三，加大对好的文明行为典型事例的宣传力度；第四，联合村里的村民理事会、红白理事会或者一些道德评议组织等，对文明的行为或者文明的建设予以推动。

市环境生态局：除了处罚力度要加强，还要关注露天烧烤经营场所燃烟排放的问题。

市住建局：第一是建筑工地围挡管理人员欠缺，广告更换频率高，企业不满；第二是文明行为、不文明行为认定标准不统一，如哪些行为是文明的，或者不文明的，要界分清楚；第三是加强对行业文明行为的监管，

不单是平时注重现场检查监督，还应该注重宣传教育。

市发改局：对于不文明行为，现在都是以劝阻为主，因为涉及取证难、监管难、行为人的自身素质的问题。建议社会信用信息系统中可以查询个人的信用记录，也可以查询个人信用报告。同时，应用到多个场景，如职称评定、融资，以及公共服务领域等。关于不文明行为，暂时未纳入失信惩戒范围的，如需要运用，则需分情况适用，不文明行为程度严重的才能运用。

会议最后，市地方立法研究中心负责人表示感谢各市直部门的意见和建议，对于合法合理的诉求，立法上会加以考虑，并希望各部门配合立法工作，及时提交立法调研清单所需资料。

三、博罗县立法调研座谈会

时间：2020 年 6 月 4 日上午

地点：博罗县人民政府

参会人员：县委宣传部与会人、县委网信办与会人、县文明办与会人、县城乡执法局法规股负责人、县环卫局与会人、县市场监督管理局协调与应急股负责人、县文广旅体局与会人、县住建局安监站负责人、县住建局住房管理股负责人、县教育局德育指导中心与会人、县公安局治安大队负责人、县交警大队与会人、县卫健局团委负责人、县民政局基层政权建设和社区治理股与会人、县发改局与会人、县交通运输局法规股负责人、县妇联与会人、县水利局与会人、县农业农村局办公室与会人、县公用事业局园林所负责人，市地方立法研究中心负责人、市地方立法研究中心研究员、市地方立法研究中心助理

会议上，市地方立法研究中心负责人说明了此次会议的目的主要是了解近 3 年来博罗县各职能部门在文明行为促进工作中的现状、问题和建议。会议上，博罗县各单位代表依次发言，对自己部门在文明行为促进工

作中的职责进行说明，并对这次立法提出自己的意见和建议。以下是会议的主要内容。

博罗县文明办： 各项精神文明创建和新时代文明实践活动的开展和落实还不到位，部分镇街、单位落实主体责任不够明确，在推动新思想学习、行业志愿服务、文明单位创建等方面做得仍不是很到位，重点问题是不遵循道德礼仪规范，比如，乱抛、乱丢、乱吐，乱穿马路，跨越隔离栏，以及应当重点关注文明养犬问题。

博罗县交警大队： 在文明出行方面，于 2018 年制定了《博罗县城市道路交通文明畅通提升行动计划实施方案》来促进文明出行的相关工作，建议加强监督，完善道路运输设施，传播文明交通理念。

博罗县公用事业局： 需要立法关注乱停乱放、乱丢垃圾和公共场所随意躺卧的问题。

博罗县市场监督管理局： 第一，集贸市场的经营秩序不够规范，环境卫生有待进一步提高。无证无照经营的现象仍旧存在，这是监管的一个难点。第二，酒店餐厅等公共场所依然存在非吸烟区吸烟、大声喧哗、谈吐不雅及举止随意等不文明的现象。

博罗县城管局： 工作难点在于，一是操作性强的法律法规已经废止，例如，广东省的城市市容和环境卫生管理规定已经废止，国家虽有城市市容和环境卫生管理办法，但是没有具体的罚则，惠州市也在制定条例，但还没有出台，所以在操作上就出现很大的困难。二是不文明行为人不配合，又没有先进的技术设备，可否考虑进行人脸识别，对当事人进行非接触性执法。建议对于不文明的行为，能否在不涉及触犯个人隐私权的情况下，采取曝光宣传的模式来引导市民群众遵守文明规范，如果惠州市或者博罗县能够建立短视频的公众号，对不文明的行为予以曝光，应该能够起到比较好的效果，起码这是一种柔性的执法与柔性的监管，比起采取强制措施，效果可能会更好。

博罗县民政局： 有以下三点建议：第一是立法应该倡导文明行为，树立厚养薄葬的新观念，倡导文明祭祀；第二是倡导文明简朴的婚庆活动；第三是鼓励单位或者个人开展关爱困难家庭、空巢老人、留守儿童等社会公益活动。应该禁止的不文明行为是那些在公共区域摆放有关殡葬的用品、搭设灵棚、吹打念经的行为，包括在道路、居民区和其他公共区域内焚烧有关迷信用品，如花圈花篮等，制造和销售封建迷信殡葬用品等行为。

博罗县卫健局：在诊疗场所易出现不按规定排队和对医护人员不满意的问题，没有通过合理合法的途径解决纠纷。

博罗县住建局：文明行为促进方面存在的问题有以下四方面：第一，没有专项工作经费的保障；第二，只有兼职工作人员，没有专门工作人员；第三，只能规范劝导，没有明确的处罚依据；第四，只有间断性的宣传，没有持续性的宣传。针对上述四方面存在的问题和困难，提出了以下四点意见、建议。一是落实经费保障，建议财政部门将文明行为促进工作经费纳入年度财政预算，保障文明行为促进工作的正常开展。二是落实人员保障，建议人事部门采取向社会购买服务的方式，配备文明行为促进工作专门工作人员，保障文明行为促进工作常态化开展。三是明确不文明行为处罚的相关标准，建立健全强制性处罚措施办法约束规范市民不文明行为。四是建立专业宣传队伍，形成系统宣传模式，推进文明行为规范宣传工作系统化、常态化、全域化，营造良好创建氛围，推动文明行为规范真正内化于心，外化于行。

博罗县发改局：今年信用方面的工作重点就是与文广旅体局一起推进信用旅游建设，因为博罗县是信用旅游试点区域。主要任务就是建设一个信用平台，将旅游方面的商家在平台推送。将不文明不诚信守法和不文明的商家在平台里面进行曝光，对守信文明的商家也在平台里面进行宣传。

博罗县环卫局：在环卫方面主要提出以下建议和意见。第一，城市基础设施建设管理及环境治理有待进一步加强，城市面貌有待提高，通过完善城市基础设施建设，能够更好地扩大环卫机械化作业，巩固和提升环境卫生质量。第二，环卫基础设施落后，加快完善环卫设施，推进垃圾分类、垃圾无害化处理，能够更好地为广大群众营造一个良好的生活和工作环境。第三，"牛皮癣"现象屡禁不止，其中很多广告存在涉黄涉黑等违法的内容，希望相关部门能够根据"牛皮癣"的违法内容加强打击。第四，在信访方面，基本上投诉的内容都是焚烧垃圾、垃圾堆积、工程车的沙土洒落导致道路扬尘等问题。环卫不好做的工作就是工程车的沙土洒落导致道路扬尘问题，因为洒水降尘往往治标不治本，希望由相关的职能部门能够从源头上打击这种行为。

会议最后，市地方立法研究中心负责人表示感谢各部门的意见和建议，对于合法合理的诉求，立法上会加以考虑，并希望各部门配合立法工作，及时提交立法调研清单所需资料。

四、仲恺高新区立法调研座谈会

时间：2020 年 6 月 4 日上午

地点：仲恺人才服务大厦

参会人员：区党群办与会人、区妇联负责人、区宣教办负责人、区宣教办文明科与会人、区宣教办卫生科与会人、区宣教办旅游科与会人、区文体中心与会人、区委网信办负责人、区科创局综合科负责人、区住建局综合科负责人、区农村工作局与会人、区社会事务局与会人、区市场监管局市场秩序科负责人、区公安分局办公室负责人、区城管执法分局法规科负责人、区交通分局运输管理科负责人、区公用事业办与会人、区城乡环卫中心计划协调部负责人、区交警大队负责人、市地方立法研究中心研究员、市地方立法研究中心助理

会议上，市地方立法研究中心研究员说明了此次会议的目的主要是了解近 3 年来仲恺高新区各职能部门在文明行为促进工作中的现状、问题和建议。会议上，仲恺高新区各单位代表依次发言，对自己部门在文明行为促进工作中的职责进行说明，并对这次立法提出自己的意见和建议。以下

是会议的主要内容。

仲恺区文明办：此次文明行为促进条例立法是通过法律的强制力来强化道德的作用，确保道德底线，推动全社会的道德素质的提升。从立法的高度予以支持和保障文明创建工作推进的需要。此次立法不仅有利于鼓励市民向上向善，有效地弘扬和保护市民的文明行为，又有利于惩戒各种不文明的行为。

立法方面可以参照《太原市文明行为促进条例》，具体规定不文明行为的类型，以及具体的处罚种类，最终要体现社会的共治。同时，要奖惩结合，法治跟德治并行，还要发挥好群众的群体作用。但更多的是法治，要产生外部的威慑作用，而德治方面就更多地在于激发群众的羞耻心，让群众感觉到出行的时候若作出闯红灯等不文明行为，会有一种羞耻感。德治和法治两者要协同发力才行，就像一个车子的两个轮子一样，缺了其中一个就不行。

仲恺区城管局：执法人员较少，管理的事项多；"牛皮癣"乱张贴，"六乱一占"流动摊贩等问题多；市容市貌，经过整治以后容易出现反弹，难以坚持长效的管理。有以下建议，第一要加大对文明行为的广告宣传和公益宣传的力度，营造文明的生活、工作、学习氛围。第二要改造提升城市环境，创建美丽家园。现在仲恺区正在进行城市面貌更新，改善环境硬件，在好的环境里面生活，可能也会自觉遵守文明行为规范。第三要将严重不文明行为和信用体系挂钩。第四要引进第三方对市容管理进行审查。第五要建设运用智慧城管平台，对不文明的行为进行证据互换。

仲恺区农村工作局：建议立法把村容整洁工作纳入村规民约，并对村民进行约束，并规定一些具体的惩戒措施，比如对相关村民在村集体的分红进行一些约束。

仲恺区住建局：第一，整治不文明行为最根本的就是提高违规成本。第二，提高公民素质教育，建议在立法层面，一是制定政府工作人员以身作则的一些相关条例；二是发挥文明办监管职能，以管理促稳定，文明办应负责大数据平台的建设，建立各部门的联通，包括征信平台各方面。第三，处罚力度应该提高。第四，针对一些不文明行为者，是否可以限制他们出境旅游。第五，可以参照国外一些做法，文明服务可以抵消处罚的金额。

仲恺区宣教办旅游科：有两点建议。第一，明确在文明旅游方面的规定由谁来负责执行。第二，将文明旅游相关的规定纳入旅游合同中。

仲恺区市场监督管理局市场秩序科：希望能够通过立法，不单单对经营主体进行规范，还要对群众用餐行为进行规范。

仲恺区公用事业办：能否建立像志愿者服务系统一样的不文明行为处理系统，对录入系统累计多的不文明行为者，就可以进行相应的处罚。同时要确定执法主体，在立法中明确相关职能部门来落实此事。这个系统或客户端向各个部门开放，无论哪个部门发现了，都可以把相关人员录入系统，处罚方式包括罚款和出境限制等。

仲恺区科创局综合科：惠州是一个包容的城市，外来人员多，立法要有一个循序渐进的过程。

会议最后，市地方立法研究中心研究员对各部门提出的意见和建议表示感谢，对于合法合理的诉求，立法上会加以考虑，并希望各部门配合立法工作，及时提交立法调研清单所需资料。

五、惠阳区立法调研座谈会

时间：2020 年 6 月 4 日上午

地点：惠阳区人民政府三楼会议室

参会人员：区文明办负责人、区教育局与会人、区妇联与会人、区卫生局与会人、区住建局与会人、区城管局与会人、区交警大队与会人、区公安局与会人、区文广新局与会人、区市场监督局与会人、区农业农村水利局与会人、区环卫局与会人、区公用事业中心与会人、区交通局与会人、区民政局与会人、区发改局与会人、区委网信办与会人、市地方立法

研究中心研究员、市地方立法研究中心助理

会议上，市地方立法研究中心研究员说明了此次会议的目的主要是了解近3年来惠阳区各职能部门在文明行为促进工作中的现状、问题和建议。会议上，惠阳区各单位代表依次发言，对自己部门在文明行为促进工作中的职责进行说明，并对这次立法提出自己的意见和建议。以下是会议的主要内容。

惠阳区文明办：文明行为促进条例的制定对精神文明建设、对公民道德素质提升，以及对"志愿之城"的建设，能够起到非常大的积极促进作用。但需要关注条例的内容制定出来以后，在执行落地的时候，对于地方尤其涉及精神文明办去落实时的实际情况，如果在制定时考虑不周全，可能在执行过程中就存在部分不能执行的情况。文明办是挂牌机构，是惠阳区的文明中心，它是一个事业单位，从法律层面上来说不够专业，理论上来说原来文明局是行政单位，那么，由事业单位执行这些法律条例是否会有一些法律层面上的限制。

惠阳区妇联：要加大专项经费的投入，加大宣传力度，增强市民的法律意识和自主学法的意识，以及加强各部门之间的联动。因为很多工作内容都是跨部门的，希望相关部门都能各尽其职。

惠阳区教育局：关于学生的素质教育，家庭、社会、学校都有责任，是需要大家共同关注的问题，建议在立法方面进行加强。

惠阳区住建局：建议立法要关注小区养犬、噪声扰民问题。

惠阳区城管局：第一是日常工作中需要面对各种难题，特别是低收入群体摆地摊等行为。在城管的执法过程中，面对这些不文明行为，劝导和教育的效果不是很好，而且在处罚方面，难度也比较大。第二是乱丢垃圾问题，取证比较难，而且处罚也比较难。其实更多是道德行为规范的问题。第三是城市"牛皮癣"问题，一直屡禁不止。希望通过这次的文明行为促进立法，来提高整个城市的文明程度，同时对社会治理体系也有促进作用。

惠阳区农业农村水利局：按照乡村振兴的要求，关于人居环境的整治，这个条例也要考虑到村民。检查工作的时候，经常碰到有一些村民不听劝阻，"门前三包"政策落实不到位，建议立法能把农村的情况也考虑进去。

惠阳区环卫中心：不文明行为在市容管理这一块有几个方面的影响比较大，也增加了工作难度。一是没有严格落实环境责任单位和责任人这个问题，比如"门前三包"。二是流动摊贩，这个马路经济可能对环卫影响比较大，能否考虑把经营和责任捆绑在一起。三是乱排、乱倒、乱扔垃圾现象还是比较普遍。四是随意挪动，甚至损坏、偷盗防卫设施。五是公共厕所的不文明行为。六是环卫工人作业时自身行为的文明问题。比如，道路清扫或者道路洒水对行人不避让，把行人洒湿的情况时有发生，建议就是明确责任。七是教育宣传的问题。

惠阳区公用事业中心：日常工作中发现的不文明的现象主要有以下四个方面。第一个方面，市民老百姓经常在绿化树木上，包括路灯杆上拉线来挂衣物等。第二个方面，在公共区域、公共座椅、绿地进行踩踏和卧谈。第三个方面，刻画、喷涂、张贴破坏路灯杆。第四个方面，市民对市政设施的破坏，主要体现在对绿化树木的砍伐上。

惠阳区交通局：建议在日常管理方面，要有一定的措施与制度进行挂钩，不文明行为达到什么程度会有怎样的处罚。

惠阳区发改局：解释了征信报告和社会信用报告，便于项目组理解。

会议最后，市地方立法研究中心研究员对各部门提出的意见和建议表示感谢，对于合法合理的诉求，立法上会加以考虑，并希望各部门配合立法工作，及时提交立法调研清单所需资料。

六、大亚湾区立法调研座谈会

时间：2020 年 6 月 4 日下午

地点：惠州市大亚湾区人民政府三楼会议室

参会人员：区文明办负责人、区公安局与会人、区城管理执法局与会人、区环卫局与会人、区社管局与会人、区交通局与会人、区住建局与会人、区卫健局与会人、区民政局与会人、区妇联与会人、区工贸局与会人、区宣教局与会人、区文广新局与会人、区教育局与会人、澳头街道办事处与会人、西区街道办事处与会人、霞涌街道办事处与会人、市地方立法研究中心研究员、市地方立法研究中心助理

会议上，市地方立法研究中心研究员说明了此次会议的目的主要是了解近3年来大亚湾区各职能部门在文明行为促进工作中的现状、问题和建议。会议上，大亚湾区各单位代表依次发言，对自己部门在文明行为促进工作中的职责进行说明，并对这次立法提出自己的意见和建议。以下是会议的主要内容。

大亚湾区文明办：提出以下两点建议：第一，在志愿服务的激励机制和帮扶机制方面，能不能纳入文明立法；第二，落实"门前三包"，做到"门前三包"有法可依，政策落地。例如，第一次发现时警告，第二次发现时严重警告，第三次就会将其列入经营征信系统。

大亚湾区城管局：日常工作中存在无法可依情况，包括垃圾分类、户外广告管理等，导致执法困难，建议加快出台相关条例，使工作更有效率。

大亚湾区环卫局：关键问题在于处罚额度、力度够不够，像乱堆垃圾可以处罚200元，但执行起来有困难，包括车窗抛物、乱扔垃圾的行为也可以处罚，建议在此次立法中可以明确这一点。

大亚湾区交通局：立法要关注乘坐公共交通文明行为。

大亚湾区住建局：在建筑工地围挡这块，存在频繁更换标语的情况，浪费的同时工地也不满。

大亚湾区工贸局：信用建设属于信用办的工作内容，主要是牵头开展一些信用上的工作，开展诚信体系建设，具体仍是落在各个部门上，未涉及文明执法。如果要制定"文明行为促进条例"，希望能够把一些工作具

体落到实处，明确各部门的职责。

大亚湾区教育局：立法要重点关注学校周边乱摆乱卖和摩托车接送这两个问题，看看有什么样的方法可以更好地做到文明摆摊，保障学生上下学安全。

澳头街道办事处：大亚湾区不少的村民群体依然没有养成良好的生活习惯和文明行为，陈规陋习依然存在，道德观念有所弱化，文化阵地还是有的，但是可能没有那么普遍。建议要加强引导，促进督导完善机制，示范引导，还要进行专项治理，加大社会综合治理力度。

西区街道办事处：在管理方面有两点建议：第一，联合各个部门，实行多部门联动，立足于常态管理，做到专项整治跟常态化管理相结合；第二，采取购买服务等措施，促进文明工作常态化管理。

霞涌街道办事处：建议在处罚方面能够更明确、有操作性。这样基层就有比较明确的执行标准，就不会显得模糊。条例应该充分考虑发挥社会监督的作用，让社会监督能够达到促进效果。

大亚湾区市场监管局：立法可以以餐饮店的主体职能为切入点，让其倡导消费者进行文明消费。

会议最后，市地方立法研究中心研究员对各部门提出的意见和建议表示感谢，对于合法合理的诉求，立法上会加以考虑，并希望各部门配合立法工作，及时提交立法调研清单所需资料。

七、惠城区立法调研座谈会

时间：2020 年 6 月 5 日下午

地点：惠城区人民政府

参会人员：区委宣传部（网信办）负责人、区妇联负责人、区发展改革局负责人、区教育局德育办负责人、区民政局负责人、区市场监管局与会人、区交通分局负责人、区城管执法局负责人、区农业农村和水利局负责人、区卫生健康局负责人、区文化广电旅游体育局与会人、区住房和城乡建设局负责人、区公安分局与会人、市人大常委会法工委备案审查科负责人、市地方立法研究中心研究员、市地方立法研究中心助理

会议上，市地方立法研究中心研究员说明了此次会议的目的主要是了解近3年来惠城区各职能部门在文明行为促进工作中的现状、问题和建议。会议上，惠城区各单位代表依次发言，对自己部门在文明行为促进工作中的职责进行说明，并对这次立法提出自己的意见和建议。

惠城区文明办：制定文明行为促进条例，是运用法治手段向社会传导正确价值取向的重要路径，是把社会主义核心价值观融入法治建设的一个有力实践，也是推动惠州市在综合城市功能文化、综合实力上作出新的贡献的重要举措，也是这次调研的出发点及目的。

惠城区妇联：应该加大处罚力度和考虑运用社会服务的方式来进行管理。

惠城区住建局：不文明行为在社区基层比较多，如乱扔垃圾等。管理文明行为的规范工作，最主要的一个点就是抓好村规民约。一般村规民约制定执行得好的村，这个村的基层组织建设也好。能否安排专项的经费打造基层，把村规民约抓得更好，基层的各项建设更加文明化。此外，像签订合同能否规定要遵守规范，比如施工总承包单位就必须负起责任来，既然签订这个合同，在法律上就要承担责任。

惠城区市场监督局：立法应该要有可操作性，而不是一些条条框框。以"餐桌文明"为例，从田间到餐桌上，它有很多的流程或环节，要具体起来，比如这个菜在某种情况下达不到什么程度就叫不文明，要有操作性，不要笼统的一句话"餐桌要文明"。就像普通市民看到这东西，可能不太清楚，到底什么叫餐桌文明。

惠城区交通局：要加大处罚力度，真正有操作性。

惠城区城管执法局：第一个方面，日常工作中遇到的有一些问题从法律上来讲，不一定违法，可以根据法律的规定作出处理，或者是有一些法律法规已经废止，废止以后，新的法律法规又没有跟上去，往往导致了没

有办法执法。第二个方面，关于执法。一个法律立法以后，肯定会有一些相应的措施，会说明怎么去制约，包括执法主体是谁，怎么去做等之类。这些都需要讨论。第三个方面，针对某些严重一点的行为，是否能够纳入征信。此外，关于群众的参与和监督问题，希望在条例当中，能够做到鼓励群众对各种不文明行为进行监督举报，以及设置奖励，或者是提供一些证据给执法单位。第四个方面，在城市进行配套设施建设或者规划时，在不影响环境、交通等各方面的情况下，能够把便民利民原则运用到文明行为里面去。

惠城区发改局：使用信用记录还是应谨慎，建议立法以宣传引导为主，鼓励大家要诚信守法。制定文明条例，面对的是大众公民。在讲文明的前提下，怎么来引导他们更加地规范。这一块需要分行业，比如在旅游领域、餐饮领域，或者说邻里的家庭和睦，就各个领域可以给出一些指引，指引大家怎么去做，怎么样才更文明。要更加接地气，可操作性强一些，这样可能会更合适。

惠城区教育局：教育、学校的两个主体：一个是未成年的学生，一个是老师，这两方面的规范已经非常多，如《中小学生守则》《小学生的日常行为规范》《中学生日常行为规范》。教师层面，2008 年曾经出台《中小学教师职业道德规范》，包括一些对教师行为的约束，已经比较完备。立法方面建议吸收外地优秀经验做法，关键的问题是惠州能否在立法层面解决实际工作中遇到的棘手问题，这就显得更有意义。

会议最后，市地方立法研究中心研究员对各部门提出的意见和建议表示感谢，对于合法合理的诉求，立法上会加以考虑，并希望各部门配合立法工作，及时提交立法调研清单所需资料。

八、龙门县立法调研座谈会

时间：2020 年 6 月 5 日下午

地点：龙门县人民政府

参会人员：县社科联负责人、县创建办负责人、县发改局与会人、县教育局德育办负责人、县公安局指挥中心负责人、县民政局与会人、县住房和城乡建设局与会人、县交通运输局法规股负责人、县水利局负责人、县农业农村局负责人、县文化广电旅游体育局负责人、县卫生健康局负责人、县市场监督局管理股负责人、县城乡执法局与会人、县环卫局与会人、县妇联负责人、县网信办负责人、市地方立法研究中心负责人、市地方立法研究中心研究员、市地方立法研究中心助理

会议上，市地方立法研究中心负责人说明了此次会议的目的主要是了解近3年来龙门县各职能部门在文明行为促进工作中的现状、问题和建议。会议上，龙门县各单位代表依次发言，对自己部门在文明行为促进工作中的职责进行说明，并对这次立法提出自己的意见和建议。以下是会议的主要内容。

龙门县公安局：两个问题。第一是市民的文化水平参差不齐，在理解文明行为方面存在一定的差异，尤其是对于交警部门的执法行为存在一定的误解。第二是经费投入不够，在硬件建设和宣传引导方面还要加大投入。

龙门县农业农村局：现在的问题主要是缺乏常态化的素质教育，与乡村振兴相关的法律法规还不健全，立法应该注重宣传教育的作用。

龙门县城管局：问题主要是处罚措施无法律依据，针对占道经营、流动摊贩、损坏公共设施、破坏公共场所秩序、乱丢垃圾等行为目前无处罚依据，只能依据《广东省城市市容和环境卫生管理规定》，但是没有罚款金额。好几部法律都没有自由裁量权，只能以劝导为主，法律之间没有衔接好。针对处罚额度来说，不好把握。文明行为促进条例到时候是否可以把自由裁量权界定清楚，这样方便衡量执法的尺度。

龙门县妇联：建议立法关注农村妇女地位低和重男轻女等落后思想的问题。

龙门县教育局：建议发挥媒体正面阳光宣传作用，此外，社会上应该

多举办文体之类的活动，多实践才能深入体会文明行为。

龙门县市场监督局：龙门县餐桌的文明主要存在三大问题。一是大中型饭店餐饮环境和服务较好，但是对适度点餐、剩菜打包等合理消费的引导力度不够。二是节俭消费观念已被市民广泛接受，但是爱面子、讲排场的消费行为依然存在。三是部分餐饮场所摆放有烟灰缸，消费者有吸烟行为。

龙门县交通局：在做好引导工作的同时，比较难的就是如何约束不文明行为，因为没有相关的处罚措施。

会议最后，市地方立法研究中心负责人对各部门的意见和建议表示感谢，对于合法合理的诉求，立法上会加以考虑，并希望各部门配合立法工作，及时提交立法调研清单所需资料。

九、惠东县立法调研座谈会

时间：2020年6月11日上午

地点：惠东县精神文明委员会

参会人员：县公安局负责人、县城管执法局法规股负责人、县交通运输局交管总站负责人、县水利局与会人、县环卫局环管股负责人、县住建局与会人、县教育局德研室负责人、县文广旅体局人事股负责人、县卫生健康局小公室负责人、县农业农村局股室负责人、县市场监督管理局商广网监股负责人、县公用事业局法规监察股负责人、县园林局园林风景管理股负责人、县网信办负责人、县妇联宣传发展部负责人、县民政局基层政权和社区建设股与会人、县发改局体制创新促进中心与会人、县文明办负责人、市地方立法研究中心负责人、市地方立法研究中心研究员、市地方立法研究中心助理

会议上，市地方立法研究中心负责人说明了此次会议的目的主要是了解近3年来惠东县各职能部门在文明行为促进工作中的现状、问题和建

议。会议上，惠东县各单位代表依次发言，对自己部门在文明行为促进工作中的职责进行说明，并对这次立法提出自己的意见和建议。以下是会议的主要内容。

惠东县公安局： 存在的问题主要有三方面。第一，部分群众，特别是驾驶员的交通安全意识依旧比较薄弱。第二，道路建设，尤其是背街小巷的道路建设问题。第三，学校，尤其是大型的建筑物、商业街的临时停车问题，以及由于学生的等候接送的配套建设不完善，影响交通秩序。再者，摩托车营运的问题，由于缺少依据，所以难以执法，希望立法能够解决。

惠东县城管执法局： 文明要培养人文关怀的理念，要关注老年人、小孩、残疾人这三类人群，可参考国内外优秀做法等。

惠东县交通运输局： 要关注摩托车管理难问题，日常工作中存在没有法律依据支撑来进行管理的困境。此外还要关注停车问题。

惠东县水利局： 水利局的职责主要是水利管理，尤其是涉及采砂。在2017年的时候，根据上级的部署，逐步开展了河长制的工作。2018年底至2022年底，开展了"清四乱"的相关活动。在日常管理中，百姓常因为分不清政府职能而投诉不当，所以希望立法在职能分工方面有一个更清晰的界定，或许有助于更高效地开展文明创建工作。此外，水管理会涉及一个跨区域管理的问题。希望立法在区域管理上有一个更加完善的规定。

惠东县环卫局： 立法要关注乱扔垃圾的问题，特别是在公共道路上乱扔垃圾。此外，还要落实"门前三包"和企业的责任。

惠东县教育局： 要强化宣传，务求全民知晓以降低执法成本。条例的立法过程要让市民知晓，同时要注重学校和家庭的教育问题。

惠东县园林局： 惠东县的园林绿化，关键是要做好部门的协调。日常工作中遇到的问题有三种，第一，是不按规划好的路线进入公园，从各种绿化带等穿越进入公园。第二，是临街商铺、部分商户会以树木妨碍到店铺经营为由，砍伐树木或者利用树木悬挂标语等，破坏绿化。第三，是

"门前三包"落实不到位。

惠东县妇联：第一，工作常态是开展文明家庭的创建工作，常年联合县委宣传部文明办开展文明家庭、最美家庭、书香家庭等文明创建活动。近年来，选出了一批优秀的家庭。第二，深入开展女性素养大讲堂活动，就是依托讲堂对女性开展家庭美德、心理疏导、家风家训等内容。第三，开展家风家训宣讲活动，通过举办最美家庭分享会，以及惠东县妇女儿童公益创投项目，从 2015 年开始，每年都有创投一些公益服务项目。第四，机制化维护妇女儿童合法权益。联合法院、司法、公安等 7 个部门建立惠东县家庭暴力案件处置的工作联动机制，建立共同推动保护妇女扶贫工作的合作机制和妇女儿童维权工作机制。以下两点是对存在的一些问题所提出的建议：第一是在促进文明行为工作中，妇联主要是联合相关部门开展评选工作，但是在评选表彰工作中仍存在一定的局限性，导致群众对先进典型的荣誉感追求愿望并不强烈，在申报各方面缺乏积极性，建议完善评先评优的工作机制，最好是能够列入条例加以规范；第二是加大文明上网的监管力度，营造文明上网的良好氛围。

惠东县发改局：能否在文明条例这一块做一个文明办的红黑名单，再进行一个文明发展的奖惩机制。

会议最后，市地方立法研究中心负责人对各部门的意见和建议表示感谢，对于合法合理的诉求，立法上会加以考虑，并希望各部门配合立法工作、及时提交立法调研清单所需资料。

附件3：部门单位调研提纲

关于惠州市文明行为促进的调研提纲

[市、县（区）公安局、城管执法局、交通局、
市容环卫中心、住建局等相关部门单位]

一、市、县（区）公安局

（一）有无针对道路安全、文明出行、文明素质、治安防范、文明上网等相关文明行为促进工作的经费投入？（请列表，包括能力建设、调研、培训、宣传等）

（二）有无近3年完整的台账资料？或其他涉及文明行为促进的工作总结、情况汇报和相关请示？

（三）近3年如何组织开展道路安全、文明出行、文明素质、治安防范、文明上网的工作？

（四）每年度有关文明行为的信访投诉、网络问政、文明上网的网络信息安全监察的数量统计、投诉率、投诉内容和具体处理情况（按年度分类列表）。

（五）目前影响和制约文明行为促进工作开展的突出问题和难点有哪些？有何意见建议？

二、市、县（区）城乡管理和综合执法局

（一）近3年如何组织开展针对占道经营、流动摊贩、损坏公共设

施、破坏公共场所秩序、乱丢乱搭、乱扔垃圾、户外广告和招牌管理等城市精细化管理中相关文明行为促进工作？《惠州市户外广告和招牌设置管理办法》实施后，相关文明行为管理工作进展如何？不文明现象如乱贴"牛皮癣"小广告等现象如何？

（二）开展文明行为执法工作的经费投入情况（请列表，包括能力建设、调研、培训、宣传等）。

（三）每年度有关文明行为的信访投诉、网络问政的数量统计、投诉率、投诉内容和具体处理情况（按年度分类列表）。

（四）近3年涉及的不文明行为违法的立案查处情况、联合执法行动报告（请提供或按年度分类列表，包括立案宗数、违法原因、处罚金额、处理结果等）。

（五）近3年对不文明行为的行政执法情况（按年度分类列表，包括数量、时间、地点、单位、问题、处罚情况、处理结果等）。

（六）如何对不文明行为进行管理和执法？目前影响和制约文明行为促进工作开展的突出问题和难点有哪些？有何意见建议？

三、市、县（区）交通运输局

（一）道路交通、公共交通工具及候车（机、船）室等场所的相关文明行为促进工作的经费投入情况（请列表，包括能力建设、调研、培训、宣传等）。

（二）近3年道路交通、公共交通文明行为相关的工作方案、工作计划、情况汇报、工作总结、相关请示和会议资料等。

（三）对于道路交通、公共交通工具及候车（机、船）室等场所发生的不文明行为，采取了什么管理手段和防治措施？针对这些行为的监督检查多久开展一次？

（四）每年度有关文明行为的信访投诉、网络问政的数量统计、投诉率、投诉内容和具体处理情况（按年度分类列表）。

（五）目前影响和制约文明行为促进工作开展的突出问题和难点有哪些？有何意见建议？

四、市、县（区）和市容环境卫生事务中心

（一）道路保洁、垃圾收运、"三乱两随"治理等相关文明行为管理方面的工作职责、内部分工、管理措施和监督办法。

（二）对于道路保洁、垃圾收运、"三乱两随"治理等方面，采取了什么管理手段和防治措施？相关的监督检查多久开展一次？《惠州市市容和环境卫生管理条例》实施后，文明管理工作进展如何？不文明现象如何？

（三）每年度有关文明行为的信访投诉、网络问政的数量统计、投诉率、投诉内容和具体处理情况（按年度分类列表）。

（四）有关文明行为促进工作的经费投入情况（请列表，包括能力建设、日常运行等费用）。

（五）目前影响和制约文明行为促进工作开展的突出问题和难点有哪些？有何意见建议？

五、市、县（区）住房和城乡建设局

（一）针对施工工程、建筑工地、房屋拆迁、居民小区管理、社区生活环境等相关文明行为管理方面的工作职责、内部分工、管理措施和监督办法。

（二）有无针对施工工程、建筑工地、房屋拆迁、居住小区的物业管理的相关文明行为促进工作的经费投入？（请列表，包括能力建设、调研、培训、宣传等）

（三）有无近5年完整的台账资料？或其他涉及文明行为促进的工作总结、情况汇报和相关请示？

（四）近3—5年如何组织开展文明行为促进工作？社区文明建设如何进行、取得什么成果？

（五）对于施工工程、建筑工地、房屋拆迁、小区居民楼管理等场所

发生的不文明行为，有无监管、控制污染扩散的权力？采取了什么管理手段、防治措施和监督检查？

（六）近3年文明行为促进工作的行政执法情况（按年度分类列表，包括时间、地点、单位、问题、处罚情况、治理结果等）。

（七）每年度有关文明行为信访投诉、网络问政的数量统计、投诉率、投诉内容和具体处理情况（按年度分类列表）。

（八）目前影响和制约文明行为促进工作开展的突出问题和难点有哪些？有何意见建议？

六、市、县（区）教育局

（一）文明校园建设和教育实践活动等相关文明行为管理方面的工作职责、内部分工、管理措施和监督办法。

（二）近3年如何组织开展文明校园建设和教育实践活动等相关文明行为促进工作？文明校园创建取得什么成果？

（三）有无近3年完整的台账资料？或其他涉及文明行为促进工作总结、情况汇报和相关请示？

（四）开展文明校园建设和教育实践活动等相关文明行为促进工作的经费投入情况（请列表，包括能力建设、调研、培训、宣传等）。

（五）每年度有关文明校园建设和教育实践活动等有关文明行为的信访投诉、网络问政的数量统计、投诉率、投诉内容和具体处理情况（按年度分类列表）。

（六）目前影响和制约文明行为促进工作开展的突出问题和难点有哪些？有何意见建议？

七、市、县（区）文化广电旅游体育局

（一）针对文化、广播电视、旅游、体育公共服务等现代公共文化服务体系建设中的相关文明行为管理方面的工作职责、内部分工、管理措施

和监督办法。

（二）有无针对文化、广播电视、旅游、体育公共服务等现代公共文化服务体系建设相关的文明行为促进工作的经费投入？（请列表，包括能力建设、调研、培训、宣传等）

（三）有无近5年完整的台账资料？或其他涉及文明行为促进工作总结、情况汇报和相关请示？

（四）近3—5年如何组织开展文化、广播电视、旅游、体育公共服务等现代公共文化服务体系建设中的文明行为促进工作？

（五）每年度有关文明行为的信访投诉、网络问政的数量统计、投诉率、投诉内容和具体处理情况（按年度分类列表）。

（六）目前影响和制约文明行为促进工作开展的突出问题和难点有哪些？有何意见建议？

八、市、县（区）卫生健康局

（一）针对公共卫生、医疗卫生、职业安全健康、无偿献血、器官捐赠等相关文明行为管理方面的工作职责、内部分工、管理措施和监督办法。

（二）有无针对公共卫生、医疗卫生、职业安全健康、无偿献血、器官捐赠、健康文明生活方式等相关文明行为促进工作的经费投入？（请列表，包括能力建设、调研、培训、宣传等）

（三）有无近5年完整的台账资料？或其他涉及文明行为促进工作总结、情况汇报和相关请示？

（四）近3—5年如何组织开展公共卫生、医疗卫生、职业安全健康、无偿献血、器官捐赠等文明行为促进工作？有无牵头部门？部门间如何分工协助、配合开展工作？

（五）对于老年人等特殊群体是否有特殊帮扶、如何进行、取得什么成果？

（六）每年度有关文明行为的信访投诉、网络问政的数量统计、投诉率、投诉内容和具体处理情况（按年度分类列表）。

（七）目前影响和制约文明行为工作开展的突出问题和难点有哪些？有何意见建议？

九、市、县（区）农业农村局

（一）针对乡村振兴战略和乡村建设中涉及的文明行为管理方面的工作职责、内部分工、管理措施和监督办法。

（二）有无针对文明行为促进工作的经费投入？（请列表，包括能力建设、调研、培训、宣传等）

（三）有无近5年完整的台账资料？或其他涉及文明行为促进工作总结、情况汇报和相关请示？

（四）近3—5年如何组织乡村振兴战略和乡村建设中相关文明行为促进工作？乡风文明建设如何进行、取得什么成果？

（五）每年度有关文明行为的信访投诉、网络问政的数量统计、投诉率、投诉内容和具体处理情况（按年度分类列表）。

（六）目前影响和制约文明行为促进工作开展的突出问题和难点有哪些？有何意见建议？

十、市、县（区）市场监督管理局

（一）消费、食品、药品、产品质量、文明餐桌等相关文明行为管理方面的工作职责、内部分工、管理措施和监督办法。

（二）近3—5年如何组织开展消费、食品、药品、产品质量、文明餐桌等相关文明行为促进工作？

（三）开展消费、食品、药品、产品质量、文明餐桌等相关文明行为促进工作的经费投入情况（请列表，包括能力建设、调研、培训、宣传等）。餐饮文明倡导如何进行、取得什么成果？

（四）每年度有关消费、食品、药品、产品质量等有关文明行为的信访投诉、网络问政的数量统计、投诉率、投诉内容和具体处理情况（按年度分类列表）。

（五）近 3 年涉及消费、食品、药品、产品质量等不文明行为违法的立案查处情况、联合执法行动报告（请提供或按年度分类列表，包括立案宗数、违法原因、处罚金额、处理结果等）。

（六）近 3 年对消费、食品、药品、产品质量等不文明行为的行政执法情况（按年度分类列表，包括数量、时间、地点、单位、问题、处罚情况、处理结果等）。

（七）如何对价格收费违法违规、不正当竞争、违法直销、传销、侵犯商标专利知识产权和制售假冒伪劣产品等行为进行管理和执法？存在什么困难？

（八）目前影响和制约文明行为促进工作开展的突出问题和难点有哪些？有何意见建议？

十一、市、县（区）生态环境局

（一）针对废弃物海洋倾倒、大气、噪声、光、化学品、固体废物、重金属等文明行为管理方面的工作职责、内部分工、管理措施和监督办法。

（二）针对废弃物海洋倾倒、大气、噪声、光、化学品、固体废物、重金属等方面文明行为促进工作的经费投入情况（请列表，包括能力建设、调研、培训、宣传等）。

（三）近 3—5 年如何组织开展废弃物海洋倾倒、大气、噪声、光、化学品、固体废物、重金属等文明行为促进工作？有无牵头部门？部门间如何分工协助、配合开展工作？

（四）有无近 5 年完整的台账资料？或其他涉及文明行为促进工作总结、情况汇报和相关请示？

（五）每年度有关文明行为的信访投诉、网络问政的数量统计、投诉率、投诉内容和具体处理情况（按年度分类列表）。

（六）反馈上报处理的投诉案例数量、纠纷处理情况（典型案件的处理全过程）。

（七）目前影响和制约文明行为促进工作开展的突出问题和难点有哪些？有何意见建议？

十二、市、县（区）市政园林事务中心

（一）市政道路、桥梁、公共绿地、行道树、道路绿化和污水管网等相关文明行为管理方面的工作职责、内部分工、管理措施和监督办法。

（二）市政道路、桥梁、公共绿地、行道树、道路绿化和污水管网等相关文明行为促进工作的经费投入情况（请列表，包括能力建设、调研、培训、宣传等）。

（三）近3—5年如何组织开展市政道路、桥梁、公共绿地、行道树、道路绿化和污水管网等文明行为促进工作？有无牵头部门？部门间如何分工协助、配合开展工作？

（四）有无近5年完整的台账资料？或其他涉及文明行为促进工作总结、情况汇报和相关请示？

（五）每年度有关文明行为的信访投诉、网络问政的数量统计、投诉率、投诉内容和具体处理情况（按年度分类列表）。

（六）反馈上报处理的投诉案例数量、纠纷处理情况（典型案件的处理全过程）。

（七）目前影响和制约文明行为促进工作开展的突出问题和难点有哪些？有何意见建议？

十三、市、县（区）委网信办

（一）文明办网、文明上网涉及文明行为管理方面的工作职责、内部分工、管理措施和监督办法。

（二）近3—5年如何组织开展文明办网、文明上网的文明行为促进工作？有无牵头部门？部门间如何分工协助、配合开展工作？

（三）开展文明办网、文明上网相关文明行为促进工作的经费投入情况（请列表，包括能力建设、调研、培训、宣传等）。

（四）每年度有关文明行为的信访投诉、网络问政的数量统计、投诉率、投诉内容和具体处理情况（按年度分类列表）。

（五）近3年涉及文明办网、文明上网的违法立案查处情况、联合执法行动报告（请提供或按年度分类列表，包括立案宗数、违法原因、处罚金额、处理结果等）。

（六）如何对文明办网、文明上网等行为进行管理和执法？存在什么困难？

（七）目前影响和制约文明行为促进工作开展的突出问题和难点有哪些？有何意见建议？

十四、市、县（区）民政局

（一）针对志愿者服务制度建设、道德模范先进模范、公民权益保护、社区生活环境等相关文明行为管理方面的工作职责、内部分工、管理措施和监督办法。

（二）有无针对志愿者服务制度建设、道德模范先进模范、公民权益保护等相关文明行为促进工作的经费投入？（请列表，包括能力建设、调研、培训、宣传等）。"好人之城""志愿之城"建设如何进行、取得什么成果？

（三）对于老年人等特殊群体是否有特殊帮扶、如何进行、取得什么成果？

（四）每年度有关文明行为的信访投诉、网络问政的数量统计、投诉率、投诉内容和具体处理情况（按年度分类列表）。

（五）近3年不文明行为违法的立案查处情况、行政执法情况、联合执法行动报告（请提供或按年度分类列表，包括立案宗数、时间、地点、单位、违法原因、处罚情况、处理结果等）。

（六）如何对涉及的不文明行为进行管理和执法？目前影响和制约文明行为促进工作开展的突出问题和难点有哪些？有何意见建议？

十五、市、县（区）发展和改革局

（一）针对诚信建设、社会信用体系建设、诚信奖惩制度等相关文明行为管理方面的工作职责、内部分工、管理措施和监督办法。

（二）有无针对诚信建设、社会信用体系建设、诚信奖惩制度等相关文明行为促进工作的经费投入？（请列表，包括能力建设、调研、培训、宣传等）。

（三）有无近5年完整的台账资料？或其他涉及文明行为促进工作总结、情况汇报和相关请示？

（四）每年度有关文明行为信访投诉、网络问政的数量统计、投诉率、投诉内容和具体处理情况（按年度分类列表）。

（五）近3年涉及不文明行为违法的立案查处情况、联合执法行动报告（请提供或按年度分类列表，包括立案宗数、违法原因、处罚金额、处理结果等）。

（六）近3年对不文明行为的行政执法情况（按年度分类列表，包括数量、时间、地点、单位、问题、处罚情况、处理结果等）。

（七）如何对涉及的不文明行为进行管理和执法？目前影响和制约文明行为促进工作开展的突出问题和难点有哪些？有何意见建议？

十六、市、县（区）妇联

（一）针对家风家教建设、文明家庭创建活动等相关文明行为管理方面的工作职责、内部分工、管理措施和监督办法。

（二）有无针对家风家教建设、文明家庭创建活动等相关文明行为促进工作的经费投入？（请列表，包括能力建设、调研、培训、宣传等）。文明家庭创建如何进行、取得什么成果？

（三）在反对家庭暴力、校园暴力方面如何开展工作，取得成果如何？在家庭暴力、校园暴力发生时，如何解决？是否有案例？涉及妇女儿童权益保障的不文明问题是否突出？如何解决？

（四）每年度有关文明行为的投诉、网络问政的数量统计、投诉率、投诉内容和具体处理情况（按年度分类列表）。

（五）如何对涉及的不文明行为进行管理？目前影响和制约文明行为促进工作开展的突出问题和难点有哪些？有何意见建议？

十七、市、县（区）团委

（一）针对青少年活动等相关文明行为管理方面的工作职责、内部分工、管理措施和监督办法。

（二）有无针对青少年活动等相关文明行为促进工作的经费投入？（请列表，包括能力建设、调研、培训、宣传等）。青少年活动、志愿服务、青少年宫文明创建如何进行、取得什么成果？

（三）在青少年践行社会主义核心价值观这一方面如何进行指导，取得成果如何？

（四）每年度有关文明行为的投诉、网络问政的数量统计、投诉率、投诉内容和具体处理情况（按年度分类列表）。

（五）如何对涉及的不文明行为进行管理？目前影响和制约文明行为促进工作开展的突出问题和难点有哪些？有何意见建议？

十八、市、县（区）工会

（一）针对职工活动等相关文明行为管理方面的工作职责、内部分工、管理措施和监督办法。

（二）有无针对职工活动等相关文明行为促进工作的经费投入？（请

列表，包括能力建设、调研、培训、宣传等）。职工权益保护、倡导职工文明行为促进工作如何进行、取得什么成果？针对外来务工人员是否有照顾、如何进行？

（三）推选劳动模范、先进典型等工作如何进行、取得什么成果？是否建立职工文明行为激励机制？

（四）每年度有关文明行为的投诉、网络问政的数量统计、投诉率、投诉内容和具体处理情况（按年度分类列表）。

（五）如何对涉及的不文明行为进行管理？目前影响和制约文明行为促进工作开展的突出问题和难点有哪些？有何意见建议？

十九、市、县（区）残联

（一）针对残障群体等相关文明行为管理方面的工作职责、内部分工、管理措施和监督办法。

（二）有无针对残障群体的相关文明行为促进工作的经费投入？（请列表，包括能力建设、调研、培训、宣传等）。如何维护残疾人在文明行为促进工作中的相关权益、在帮扶残疾人方面如何进行、取得什么成果？

（三）如何对涉及的不文明行为进行管理？目前影响和制约文明行为促进工作开展的突出问题和难点有哪些？有何意见建议？

二十、市、县（区）科协

（一）针对全民科普工作在文明行为管理方面的工作职责、内部分工、管理措施和监督办法。

（二）有无针对全民科普工作相关文明行为促进工作的经费投入？（请列表，包括能力建设、调研、培训、宣传等）。全民科普工作如何进行、取得什么成果？

（三）如何对涉及的不文明行为进行管理？目前影响和制约文明行为促进工作开展的突出问题和难点有哪些？有何意见建议？

附件 4：调查问卷

《惠州市文明行为促进条例》
立法问卷调查

尊敬的受访者：

您好！文明行为与我们每个人息息相关，感谢您抽空帮助我们完成此次调查问卷！调查情况仅供《惠州市文明行为促进条例》立法参考，我们对您所填的信息保密，期望能得到您的支持！

惠州市地方立法研究中心

2020 年 6 月 29 日

1. 您的性别

A. 男   B. 女

2. 您的年龄

A. 20 岁以下（含 20 岁）   B. 21～40 岁

C. 41～60 岁   D. 60 岁以上

3. 您的学历

A. 小学及以下   B. 初中

C. 高中/中专   D. 大学本科/大专

E. 硕士及以上

4. 您的职业/身份

A. 政府机关工作人员　　　　B. 事业单位工作人员

C. 企业工作人员　　　　　　D. 社会团体工作人员

E. 个体经营者　　　　　　　F. 离退休人员

G. 学生　　　　　　　　　　H. 农民

I. 其他

5. 您所在的区域

A. 惠城区　　　　　　　　　B. 惠阳区

C. 龙门县　　　　　　　　　D. 博罗县

E. 惠东县　　　　　　　　　F. 大亚湾开发区

G. 仲恺高新区

6. 您觉得惠州市的文明程度如何？

A. 很好　　　　　　　　　　B. 较好

C. 一般　　　　　　　　　　D. 较差

E. 很差　　　　　　　　　　F. 没感觉

7. 您对制定"惠州市文明行为促进条例"的态度？

A. 非常必要　　　　　　　　B. 有必要

C. 没必要　　　　　　　　　D. 无所谓

8. 您了解市民应履行的文明行为规范吗？

A. 非常了解　　　　　　B. 了解一些　　　　　C. 不了解

9. 您所见到的惠州市公共场所在醒目位置设置文明标识提示牌的

情况：

A. 多，很常见　　　　　　　B. 有，但是数量不多

C. 没见过　　　　　　　　　D. 没注意

10. 在日常生活中，您可否约束自己的不文明行为？

A. 完全可以　　　　　　B. 基本可以　　　　　C. 不可以

11. 当您身边的朋友或亲人出现不文明行为时，您会予以制止吗？

A. 经常会　　　　　　　B. 偶尔会　　　　　　C. 不会

12. 如果他人指出您的不文明行为（如乱扔垃圾、随地吐痰），
您_____。

A. 能接受，下次尽量注意　B. 勉强能接受，但是心里不舒服

C. 不予理睬　　　　　　　D. 极为反感

13. 当您看到他人有不文明行为时，您_____。

A. 主动上前提醒　　　　　B. 看情况，偶尔会上前提醒

C. 只是心里反感，却不会出面制止

D. 习以为常，不以为然

14. 您认为惠州市不文明行为主要发生在哪些场所？（多选）

A. 小区、居民楼　　　　　B. 公园、广场等休闲场所

C. 餐饮场所　　　　　　　D. 医疗场所

E. 商场、电影院等娱乐场所

F. 公共交通工具内及候车（机、船）室内

G. 其他

15. 您认为下列哪些不文明行为在惠州市较为突出？（多选）

A. 随地吐痰、便溺，乱扔乱倒废弃物

B. 遛犬不牵引，犬粪便不清理，违规饲养大型犬、烈性犬

C. 在街头、路边随意焚烧纸钱等殡葬物品

D. 社区楼道内乱堆乱放杂物

E. 在禁止吸烟的公共场所吸烟

F. 不遵守交通信号灯，乱穿马路，翻越交通护栏

G. 机动车乱停靠、乱鸣笛、乱变道，斑马线前不礼让

H. 乘坐公共交通工具时不按秩序排队、抢占座位、大声喧哗

I. 观看体育比赛或文艺演出时大声喧哗，结束后不带走随身垃圾

J. 广场舞噪声扰民

K. 高空抛物

L. 在公共建筑上乱写乱画，乱贴小广告

M. 践踏花草、破坏绿化，损坏公物

N. 网络语言粗俗，传播低级庸俗、封建迷信等网上信息

O. 餐饮铺张浪费严重，食用野生动物

P. 违反禁放规定燃放烟花爆竹

Q. 诚实守信意识不强，法定和约定义务履行不到位

R. 其他

16. 您认为对不文明行为可以采取哪些措施（多选）

A. 批评教育　　　　　　　B. 警告

C. 罚款　　　　　　　　　D. 安排社会服务

E. 治安拘留　　　　　　　F. 在一定范围内公开不文明行为者行为

G. 其他

17. 您认为应该倡导鼓励下列哪些文明行为（多选）

A. 见义勇为，参加抢险救灾救人，依法制止违法犯罪行为

B. 志愿服务，积极参与文化教育、生态环保、社会服务、社会治理等志愿服务活动

C. 乐善好施，组织或参加扶贫、济困、赈灾、助学、助医等慈善公益活动

D. 无偿献血，捐献造血干细胞、人体组织、器官或遗体

E. 拾金不昧，主动归还失主或交给政府相关部门处理

F. 文明出行，优先选择步行、骑车或者乘坐公共交通工具出行，为老弱病残孕等让座

G. 讲究卫生，主动维护公共场所卫生环境

H. 文明生活，劝阻或举报禁烟场所吸烟、禁放地点燃放烟花爆竹、不文明养犬等行为

I. 文明就餐，适量点餐、践行"光盘行动"、用餐实行分餐制、使用公筷公勺

J. 移风易俗，文明节俭操办婚丧祭贺等事宜，抵制愚昧迷信及其他

低俗活动

　　K. 参与共治，积极协助政府有关部门或基层组织维护公共安全和秩序

　　L. 其他

　　18. 您认为鼓励文明行为可以采取哪些措施（多选）

　　A. 宣传表彰，授予荣誉称号　　B. 优先享受公共服务

　　C. 现金奖励　　　　　　　　　　D. 纳入个人信用信息记录

　　E. 其他

　　19. 您对制定"惠州市文明行为促进条例"还有什么建议与意见？

_____

_____

_____

附件5：调查问卷分析报告

《惠州市文明行为促进条例》立法问卷调查
统计分析报告

问卷条目分析

一、您的性别

受访者中男性占比为37.25%，女性占比为62.75%。详见下表。

第1题　受访者的性别

选项	小计	比例	
A. 男	5227		37.25%
B. 女	8807		62.75%
本题有效填写人次	14034		

二、您的年龄［单选题］

受访者中"20岁以下（含20岁）"占比为12.00%，"21—40岁"占比为61.60%，"41岁及以上"占比为26.40%。详见下表。

第 2 题　受访者的年龄

选项	小计	比例	
A. 20 岁以下（含 20 岁）	1684		12.00%
B. 21—40 岁	8645		61.60%
C. 41—60 岁	3646		25.98%
D. 60 岁以上	59		0.42%
本题有效填写人次	14034		

三、您的学历 ［单选题］

41.28% 的受访者教育程度为"初中及以下"，22.70% 的受访者教育程度为"中专/高中"，36.02% 的受访者教育程度为"大专/本科及以上"。详见下表。

第 3 题　受访者的受教育程度

选项	小计	比例	
A. 小学及以下	1604		11.43%
B. 初中	4189		29.85%
C. 高中/中专	3186		22.70%
D. 大学本科/大专	4892		34.86%
E. 硕士及以上	163		1.16%
本题有效填写人次	14034		

四、您的职业/身份 ［单选题］

受访者中"企事业单位工作人员"占比为 39.49%，"个体经营者"占比为 15.84%，"农民"占比为 15.17%，"学生"占比为 11.27%。详见下表。

第 4 题　受访者的职业/身份

选项	小计	比例	
A. 政府机关工作人员	955		6.80%
B. 事业单位工作人员	3231		23.02%
C. 企业工作人员	2311		16.47%
D. 社会团体工作人员	448		3.19%
E. 个体经营者	2223		15.84%
F. 离退休人员	107		0.76%
G. 学生	1582		11.27%
H. 农民	2129		15.17%
I. 其他	1048		7.47%
本题有效填写人次	14034		

五、您所在的区域［单选题］

受访者中"惠阳区"占比为 45.30%，"惠东县"占比为 20.46%，"大亚湾开发区"占比为 11.71%，"惠城区"占比为 14.84%。详见下表。

第 5 题　受访者的所在区域

选项	小计	比例	
A. 惠城区	2082		14.84%
B. 惠阳区	6358		45.30%
C. 龙门县	118		0.84%
D. 博罗县	421		3.00%
E. 惠东县	2872		20.46%
F. 大亚湾开发区	1643		11.71%
G. 仲恺高新区	540		3.85%
本题有效填写人次	14034		

六、您觉得惠州市的文明程度如何？［单选题］

35.95% 的受访者认为"很好"，32.36% 的受访者认为"较好"，29.14% 的受访者认为"一般"。详见下表。

第 6 题　市民对惠州市文明程度的总体印象

选项	小计	比例	
A. 很好	5045		35.95%
B. 较好	4542		32.36%
C. 一般	4089		29.14%
D. 较差	232		1.65%
E. 很差	81		0.58%
F. 没感觉	45		0.32%
本题有效填写人次	14034		

七、您对制定"惠州市文明行为促进条例"的态度？［单选题］

56.60% 的受访者认为"非常有必要"，40.57% 的受访者认为"有必要"。详见下表。

第 7 题　市民对制定"惠州市文明行为促进条例"的基本态度

选项	小计	比例	
A. 非常必要	7943		56.60%
B. 有必要	5694		40.57%
C. 没必要	98		0.70%
D. 无所谓	299		2.13%
本题有效填写人次	14034		

八、您了解市民应履行的文明行为规范吗？［单选题］

20.34%的受访者表示"非常了解"，72.10%的受访者表示"了解一些"，7.55%的受访者表示"不了解"。详见下表。

第 8 题　受访者对文明行为规范的了解程度

选项	小计	比例	
A. 非常了解	2855		20.34%
B. 了解一些	10119		72.10%
C. 不了解	1060		7.55%
本题有效填写人次	14034		

九、您所见到的惠州市公共场所在醒目位置设置文明标识提示牌的情况。［单选题］

40.79%的受访者认为"多，很常见"，51.38%的受访者认为"有，但是数量不多"。详见下表。

第 9 题　惠州市公共场所在醒目位置设置文明标识提示牌的情况

选项	小计	比例	
A. 多，很常见	5724		40.79%
B. 有，但是数量不多	7210		51.38%
C. 没见过	246		1.75%
D. 没注意	854		6.09%
本题有效填写人次	14034		

十、在日常生活中，您可否约束自己的不文明行为？［单选题］

64.20%的受访者表示"完全可以"，32.55%的受访者表示"基本可以"。详见下表。

第 10 题　受访者对不文明行为的自我约束程度

选项	小计	比例	
A. 完全可以	9010		64.20%
B. 基本可以	4568		32.55%
C. 不可以	456		3.25%
本题有效填写人次	14034		

十一、当您身边的朋友或亲人出现不文明行为时，您会予以制止吗？［单选题］

65.72% 的受访者表示"经常会"，32.71% 的受访者表示"偶尔会"。详见下表。

第 11 题　受访者制止身边不文明行为的程度

选项	小计	比例	
A. 经常会	9223		65.72%
B. 偶尔会	4591		32.71%
C. 不会	220		1.57%
本题有效填写人次	14034		

十二、如果他人指出您的不文明行为（如乱扔垃圾、吐痰），您_____。［单选题］

84.02% 的受访者认为"能接受，下次尽量注意"，9.56% 的受访者认为"极为反感"，5.74% 的受访者认为"勉强能接受，但是心里不舒服"。详见下表。

第 12 题 受访者对他人指出自身不文明行为的态度

选项	小计	比例
A. 能接受，下次尽量注意	11792	84.02%
B. 勉强能接受，但是心里不舒服	806	5.74%
C. 不予理睬	94	0.67%
D. 极为反感	1342	9.56%
本题有效填写人次	14034	

十三、当您看到他人有不文明行为时，您_____。[单选题]

47.81% 的受访者表示会"看情况，偶尔会上前提醒"，35.85% 的受访者表示会"主动上前提醒"，15.16% 的受访者表示"只是心里反感，却不会出面制止"。详见下表。

第 13 题 受访者对他人不文明行为的态度

选项	小计	比例
A. 主动上前提醒	5031	35.85%
B. 看情况，偶尔会上前提醒	6710	47.81%
C. 只是心里反感，却不会出面制止	2128	15.16%
D. 习以为常，不以为然	165	1.18%
本题有效填写人次	14034	

十四、您认为惠州市不文明行为主要发生在哪些场所？[多选题]

第 14 题选项中选择人数排前 3 的选项为："B. 公园、广场等休闲场所"的选择人数占总选择人数的 79.37%。"A. 小区、居民楼"的选择人数占总选择人数的 52.31%。"C. 餐饮场所"的选择人数占总选择人数的

47.94%。详见下表。

第14题　惠州市不文明行为的主要发生场所

选项	小计	比例
A. 小区、居民楼	7341	52.31%
B. 公园、广场等休闲场所	11139	79.37%
C. 餐饮场所	6728	47.94%
D. 医疗场所	3277	23.35%
E. 商场、电影院等娱乐场所	5266	37.52%
F. 公共交通工具内及候车（机、船）室内	6149	43.82%
G. 其他	652	4.65%
本题有效填写人次	14034	

十五、您认为下列哪些不文明行为在惠州市较为突出？［多选题］

第15题选项中选择人数排前3的选项为："A. 随地吐痰、便溺，乱扔乱倒废弃物"的选择人数占总选择人数的75.02%。"B. 遛犬不牵引，犬粪便不清理，违规饲养大型犬、烈性犬"的选择人数占总选择人数60.60%。"F. 不遵守交通信号灯，乱穿马路，翻越交通护栏"的选择人数占总选择人数的55.59%。详见下表。

第15题　惠州市较为突出的不文明行为

选项	小计	比例
A. 随地吐痰、便溺，乱扔乱倒废弃物	10528	75.02%
B. 遛犬不牵引，犬粪便不清理，违规饲养大型犬、烈性犬	8504	60.60%

（续表）

选项	小计	比例	
C. 在街头、路边随意焚烧纸钱等殡葬物品	3016		21.49%
D. 社区楼道内乱堆乱放杂物	6257		44.58%
E. 在禁止吸烟的公共场所吸烟	6572		46.83%
F. 不遵守交通信号灯，乱穿马路，翻越交通护栏	7801		55.59%
G. 机动车乱停靠、乱鸣笛、乱变道，斑马线前不礼让	6863		48.90%
H. 乘坐公共交通工具时不按秩序排队、抢占座位、大声喧哗	4067		28.98%
I. 观看体育比赛或文艺演出时大声喧哗，结束后不带走随身垃圾	3299		23.51%
J. 广场舞噪声扰民	4080		29.07%
K. 高空抛物	4350		31.00%
L. 在公共建筑上乱写乱画，乱贴小广告	6559		46.74%
M. 践踏花草、破坏绿化，损坏公物	5020		35.77%
N. 网络语言粗俗，传播低级庸俗、封建迷信等网上信息	3931		28.01%
O. 餐饮铺张浪费严重，食用野生动物	2910		20.74%
P. 违反禁放规定燃放烟花爆竹	2932		20.89%
Q. 诚实守信意识不强，法定和约定义务履行不到位	3345		23.83%
R. 其他	315		2.24%
本题有效填写人次	14034		

十六、您认为对不文明行为可以采取哪些措施 ［多选题］

第16题选项中选择人数排前3的选项为："A. 批评教育"的选择人数占总选择人数的79.69%。"B. 警告"的选择人数占总选择人数的58.37%。"C. 罚款"的选择人数占总选择人数的47.61%。详见下表。

第16题 针对不文明行为可以采取的措施

选项	小计	比例
A. 批评教育	11183	79.69%
B. 警告	8192	58.37%
C. 罚款	6682	47.61%
D. 安排社会服务	6252	44.55%
E. 治安拘留	1871	13.33%
F. 在一定范围内公开不文明行为者行为	3652	26.02%
G. 其他	222	1.58%
本题有效填写人次	14034	

十七、您认为应该倡导鼓励下列哪些文明行为 ［多选题］

第17题选项中选择人数排前3的选项为："B. 志愿服务，积极参与文化教育、生态环保、社会服务、社会治理等志愿服务活动"的选择人数占总选择人数的82.91%。"G. 讲究卫生，主动维护公共场所卫生环境"的选择人数占总选择人数的73.84%。"F. 文明出行，优先选择步行、骑车或者乘坐公共交通工具出行，为老弱病残孕等让座"的选择人数占总选择人数的71.73%。详见下表。

第 17 题　应该倡导鼓励的文明行为

选项	小计	比例
A. 见义勇为，参加抢险救灾救人，依法制止违法犯罪行为	10004	71.28%
B. 志愿服务，积极参与文化教育、生态环保、社会服务、社会治理等志愿服务活动	11636	82.91%
C. 乐善好施，组织或参加扶贫、济困、赈灾、助学、助医等慈善公益活动	9626	68.59%
D. 无偿献血，捐献造血干细胞、人体组织、器官或遗体	7215	51.41%
E. 拾金不昧，主动归还失主或交给政府相关部门处理	8552	60.94%
F. 文明出行，优先选择步行、骑车或者乘坐公共交通工具出行，为老弱病残孕等让座	10067	71.73%
G. 讲究卫生，主动维护公共场所卫生环境	10363	73.84%
H. 文明生活，劝阻或举报禁烟场所吸烟、禁放地点燃放烟花爆竹、不文明养犬等行为	8022	57.16%
I. 文明就餐，适量点餐、践行"光盘行动"、用餐实行分餐制、使用公筷公勺	8412	59.94%
J. 移风易俗，文明节俭操办婚丧祭贺等事宜，抵制愚昧迷信及其他低俗活动	5747	40.95%

（续表）

选项	小计	比例
K. 参与共治，积极协助政府有关部门或基层组织维护公共安全和秩序	6314	44.99%
L. 其他	245	1.75%
本题有效填写人次	14034	

十八、您认为鼓励文明行为可以采取哪些措施［多选题］

第18题选项中选择人数排前3的选项为："A. 宣传表彰，授予荣誉称号"的选择人数占总选择人数的85.31%。"B. 优先享受公共服务"的选择人数占总选择人数的57.96%。"D. 纳入个人信用信息记录"的选择人数占总选择人数的55.99%。详见下表。

第18题　鼓励文明行为的措施

选项	小计	比例
A. 宣传表彰，授予荣誉称号	11972	85.31%
B. 优先享受公共服务	8134	57.96%
C. 现金奖励	4380	31.21%
D. 纳入个人信用信息记录	7858	55.99%
E. 其他	255	1.82%
本题有效填写人次	14034	

十九、您对制定"惠州市文明行为促进条例"还有什么建议与意见？［填空题］

第 19 题　受访者对制定"惠州市文明行为促进条例"的建议与意见

	答案文本
有效	禁止喝酒劝酒，个人喝酒禁止超过半斤
	希望市场门口的乱摆乱放车辆能够得到严格管制
	惠州作为文明城市，市民的素质问题就显得尤为重要。一个好的城市有一个好的制度规范，奖罚分明才能更好地治理。关于公共交通工具，惠州市的公共交通工具仍有不足，例如出行方式少，不符合珠三角城市群的发展，可以选择增加公交线路（治标不治本）。城轨的出现，大大方便了莞惠两地交通，但这只适合市际间交通费用也不是很惠民，可以建设城市轨道交通来保障城市的交通服务（如地铁建不了，可先暂时建设轻轨或者单轨来满足城市轨道交通需求，且从市规划局出台的惠州市城市轨道交通包含了轻轨建设，所以可先通过轻轨建设来满足市民的出行需求）
	约束养狗遛狗、电动车交通违规、损坏公共设施、插队等不文明行为
	加大宣传力度
	加强文明城市，交通管制，垃圾分类
	文明交通出行，文明养狗
	非机动车经常占用机动车道，甚至在快车道逆行，应严厉查处
	尽快建立健全完善各项规章制度
	希望尽早实施，加强对文明方面的宣传教育
	倡议宣传，营造氛围，从学生抓起
	一是"门前三包"；二是在校宣传教育带动家庭教育
	从小抓起
	以身作则
	加大宣传力度，志愿者带头身体力行
	奖罚并施

（续表）

	答案文本
有效	专人管束
	加强宣传，参与面要广，让市民自觉养成自律的习惯，讲好惠州故事
	条例制定得很好，很有必要
	加大力度，从单位、居委会、小区多渠道宣传，入心入脑，从小娃娃抓起，形成人人皆知、人人参与的氛围
	最主要就是泥头车太疯狂，开得太快了，又不知道礼让行人
	很好，有积极参与答题
	一个城市的发展或文明用语不能用法规来约定，包容，互助，减少地域歧视，多一点平等，这个城市的文明不用挂在嘴边，因为它已经是生活的一部分了
	非常及时
	将文明行为引进校园，从娃娃开始
	进入社区宣传
	从小孩小时由父母抓起，学校辅教，从整体提高民众素质
	希望能尽快立法
	不同意这立法！这立法规范领域偏大、过泛，易沦为虚头巴脑的花架子。设区的市立法，最好是小而精。规范领域要细化一些，具体一些，注重可操作性，这样比较适应惠州市的立法能力和社会需要
	尽快立法
	加大文明宣传教育学习，提升居民文明意识，打铁必须自身硬，党政机关工作人员先行做好自己
	没收在禁止垂钓区钓鱼人员的工具
	立法要尽快，不拖延时间，至于内容可以慢慢完善调整。不要因为个别条款就延误了时间
	大力宣传，让市民熟悉了解
	有空可以组织人员探讨
	重在落实

（续表）

	答案文本
有效	应多鼓励当地学生参加社会志愿服务活动，不要局限于学校内，应从小开始参加，有必要开设一门课程。可以参考韶关的志愿活动
	赞同
	多一些让人民感觉有实质奖励的举措
	充分听取各方意见后，尽快制定相关条例，适时推出实施
	希望实现全国文明城市"四连冠"
	建议尽快实施
	具体的、有操作性的规范条例
	支持
	严格执行
	有待改善
	优先整治幽灵堵车、油腻男司机、开车使用移动设备、开车抽烟等行为，开通和深圳一样的抖音举报渠道
	希望尽快出台
	文明城市素养有待提高
	文明出行，做文明人
	多宣传
	从三岁娃娃抓起，小手牵大手，与不文明说"不"，营造文明从社会、学校、家庭共治到共享
	希望加快促进，将惠州市变成一个文明的大惠州，覆盖至惠州市、县、镇、村各区域，让惠州人引以为豪
	高空坠物
	尽快落实执行，文明行为是城市发展的窗口
	宣传表彰，带动身边的人
	多鼓励和宣传好人好事，呼吁带动身边的人参与到志愿服务中去
	倡导，严格执行
	文明行动，人人遵守，人人执行；不听劝导，轻者教育批评，重者罚款处理
	倡导更多人学习传统文化和孝文化

（续表）

	答案文本
有效	文明城市创建要在基层推广，不能只是做做样子、走走形式、查查台账，要从根本上解决问题
	希望尽快制定
	城镇内环境卫生"脏乱差"现象非常严重，特别是十字路口乱摆乱卖，占道经营，车辆乱停乱放
	文明出行你我他，大家要自觉爱护环境
	从我做起，人人有责
	大家要相互遵守各项交通规章制度
	加大文明宣传力度
	实际意义不大
	大力弘扬宣传，让社会更文明更和谐，环境更赏心悦目
	希望惠州越来越好
	结合民法典，加快进度推进立法
	希望落到实处，做好广泛宣传，让市民知道文明城市就应该做文明好市民
	建议政府部门大力推广传统教育
	建议市民积极配合搞好文明城市
	尽快实施
	严惩电动车违规骑行行为
	希望惠州市越来越好，多给志愿者一些福利
	强烈支持
	从我做起，从小培育（学校重点关注，以文明为作业）
	对居民楼卫生加强管理
	多关注底层市民群体
	希望所有市民团结一致，共建美好惠州
	严查行人闯红灯
	建议政府积极推广传统文化

	答案文本
有效	惠州是我家，文明行为靠大家
	执法人员多注意，最近小偷小摸经常发生
	文明畅行，责任你我他
	为狗上户口，没有户口捕杀。设置禁止遛狗区域，并对不遵守者罚款千元或义务拾便一个月
	公开政策，深度社区倡导
	多点宣传文明行为促进条例，让大家都明白
	加大宣传力度，做到全民参与
	人人讲文明，懂礼让，让惠州变得更美好
	可以像防疫一样，下发资料和要求给企业、社区、居住场所等
	加强巡查
	限制商铺用大喇叭播放广告扰民
	惠州公交车司机素质低，希望提高
	从幼儿园开始教育，垃圾分类
	祝惠州越来越好
	与社会诚信体系建设高度结合
	基础设施也要完善。大家好，才是真的好
	不要纸上谈兵，要落到实处
	一个地方的环境优美和当地居民个人素质是相互的，所以要文明必须提高个人素质
	正确引导，赏罚分明
	执行到位
	政府应该对电动车的骑行加强管理
	通过教育，宣传增强全民意识
	严禁乱贴广告、乱扔垃圾，特别是一些摆地摊的扔的垃圾随处可见
	加强管理！仲恺外地人素质差
	处理好外来人口子女上学问题，不要让外来人口觉得小孩入学困难。因为没有归属感，所以不珍惜现有的生活环境迟早回老家去，这不是自己要长期生活的地方

	答案文本
有效	坚持下去
	支持
	管理一下街道乱摆摊的行为
	普通市民为获取国家及村补贴及用地补贴，恶意多次娶妻离婚，占用国家资源等行为。应该退还集体所有
	要旗帜鲜明、大张旗鼓
	乱买乱卖还有卫生问题
	公园里白天噪声扰民，望能采取措施加以制止
	重坚持、抓落实
	制定好后坚决执行
	实行地摊经济，仍需管制，防止脏、乱、抢
	党风先正，民风才不歪，社会才有真正文明
	文明从小做起，人人主动行动
	希望条例的内容切合实际，多通过各种渠道收集民意，尽可能地完善内容
	先抓好素质教育，有素质了，自然就更懂文明行为
	要管用，操作性要强，不搞形式的东西
	文明建设大家一起行动
	因地制宜、循序渐进、注重引导、阶段推进
	加大宣传力度，文明行为从娃娃抓起，学校多宣传，多教育，多搞一些文明活动的题材节目，由学生带动家长
	倡导文明者先行动
	希望政府在清洁卫生方面多点管理！防止有些人往下水道丢剩饭剩菜等垃圾，导致每次下雨公路街道个别地方堵水
	罚款太厉害，有钱的人不在乎，没钱的人就是命
	在文明处罚上可分年龄层判定，年幼、成年和老年，轻重按实际执行
	普及宣传
	应积极广泛宣传，全市参与共治

（续表）

答案文本	
	加强环境卫生提升
	政府部门带头诚实守信，勤俭节约
	从学校做起，通过学校老师通知到家长，因为一个孩子背后就是一个家庭
	继续发扬光大
	希望真的能做到人人文明讲卫生
	制定后要认真执行
	细节决定成败
	严惩电动车、摩托车，严抓严罚，按原则办事，在小区巷道乱停车辆，给安全带来隐患，应当严管
	有些举措应强制成习惯，习惯成自然！加大文明宣传倡议，鼓励文明者行为，进一步加大幼小文明行为教育，形成社会人人参与、人人受益的良好新风尚
有效	常抓不懈，提升全民整体素质
	落实到位才是关键
	多做宣传，奖罚分明
	加大宣传教育，提高个人综合素质
	宣传很到位，人民意识不断提高
	从农村基层做起
	建议开通网上公众号或平台，让广大人民群众上传照片，曝光一些不文明现象
	期待早日改善
	多宣传普及，多组织活动，最好在小学作为一门课程
	加大管制力度
	要坚决执行，决不能半途而废
	应该首先从我做起，对文明城市建设非常好。惠州城市更美丽
	多多宣传到位，不做表面工作，实行从我做起，党员干部官员起带头作用
	要去实施
	希望能真的有用，实在看到太多不文明现象，市民素质太低

（续表）

	答案文本
有效	加强大中小学生的文明课堂教育
	最好做到实际行动，不要蜻蜓点水走形式主义
	重在抓落实
	加强管理
	文明行为从我做起
	养犬要规范
	建议发布从速，执行彻底
	加大宣传和执法力度
	希望尽快出台政策落实
	人人参与，学生带动家长
	抓好落地
	多方位宣传
	不断完善，尽早实施
	严格管理
	很希望惠州文明建设更全面更美丽
	人人参与
	希望条例的实施，让惠州的文明程度更上一层楼
	多采取基层人民的意见，对文明行为多表彰宣扬
	文明城市靠大家
	对不文明的人在消费和使用互联网时进行限制
	建议对小广告的电话拉入公信的黑名单或者政府对其进行处罚
	希望可以有个无烟的环境，空气真的有待改善，停产香烟和烟花爆竹可好
	完善法律法规，做到人人平等
	做好宣传，公务员等政府单位人员应当首先带头，以身作则
	希望早点尽快对养犬遛狗的不文明行为立法，严加管理养犬行为，惠州养犬遛狗不文明行为严重，如随地大小便、不拾狗绳，所以希望尽快严管，还有乱摆卖堵门、路，污染环境严重，这种不文明行为也要严管

	答案文本
有效	从每个人做起
	积极宣传，加大文明激励措施
	非常赞成！期待文明条例早日出台并大力推广实施
	以人为本
	积极开展宣传工作
	尊老爱幼爱护公物
	从孩子抓起
	人人参与建设文明惠州，打造一个环境优美的惠州
	社区垃圾分类落实到位，有关民生信息及时发布
	条例制定是很好的表现，但落地实施往往有很多阻力，建议在实施过程中，政府能加大保障力度
	规范志愿服务行为
	希望能够越办越好
	与一些文明城市相比，惠州惠阳的环境卫生方面做得不够好，尤其这两年修路尘土飞扬，绿化不足。在公民个人素质方面：路上还是会有随地吐痰的"不文明人"，他们不会想到要用纸巾包住"病毒"，防范意识不强，但周围人已习以为常，也没有上前阻止。为此，可以通过政府在公共平台上发布相关宣传短视频，在公交车等公共场所播放（可下放到志愿者中组织拍摄，进行评奖）。对于横穿马路的摩托车司机，他们的危机意识还不够强，可以通过监控视频捕捉的方式，对于违法横穿马路的行人、车主进行 10 分钟公布，并处罚 10 元。对于不按规定投放垃圾导致垃圾桶发臭，给环卫工人造成处理困难的，需要旁人多加督促。政府的垃圾分类法也应该尽快出台，避免油污等影响周围环境卫生
	文明不能光体现要求市民遵守，党政机关更应遵守文明执法、文明办事，为群众做表率
	社区加大宣传，增强市民的文明行为意识
	希望越办越好
	采纳市民意见
	严格执行

（续表）

答案文本
用群众喜闻乐见、容易接受的方式宣传相关知识，最起码老幼知晓，小孩子从小养成习惯，老人传授影响
要奖罚分明
希望出台一定的激励优惠政策
落到实处
公交车有些时候经常爆满，特别是 K1 公交车，但是有些地方没有公交车，淡水马溜岭到小金口火车站路段没有公交车，经常等不到车
积极落实促进居民参与
希望领导看志愿者的眼睛更雪亮，不要光看某一个人，俗话说：独木难行
讲文明，不要什么都辱骂别人
讲卫生，不要随便扔垃圾
乱停车行为，需自我提高
大力宣传、加强监管
希望政府重视，看看深圳等城市的管理
加强管理
多印发宣传广告或多媒体宣传
多做宣传，多奖励一些有文明行为的人
养狗的大多数人不注重公共卫生，让狗随地大小便
共同创造和谐社会美好未来
文明行为人人有责
应当多宣传，做到家喻户晓
可以写出一些发生较多的不文明行为，再配上图，应该怎么改正；哪些行为是好的，要继续保持
严惩交通逆行
早立早执行
摩托车到处乱窜，应该禁摩
文明出行

（表格左侧纵向合并单元格标注：有效）

（续表）

答案文本
希望大亚湾路段在上学高峰期禁止泥头车、大型车辆上路，特别是澳头中海酒店这块，大型车太多，因为有好多骑电动车接送学生的车辆及骑自行车的学生
配合、支持政府相关政策与制度
多增加学生社会实践的机会
对违反文明行为者予以惩罚，情节严重者公开信息纳入征信
多宣传，严厉打击乱收费、贪污腐败，制定完善的物业法规
希望外来人员在惠能有更多福利
多作具体宣传
一起构筑文明城市
向深圳学习
加强宣传，对于不文明行为适当惩罚
多提倡绿色环保出行
文明行为从个人做起，带动身边的每一个人
养狗要拴绳！养狗要拴绳！养狗要拴绳
我觉得应该要在企业、学校、社区中不断传播文明，可以通过活动讲座等不同的形式去开展文明传播，特别是精神文明。现在不单是表面不文明，而是文明思想空缺
我为人人，人人为我
志愿者加大宣传力度
严格规范自己的言行，敢于举报不文明行为，承担社会责任
希望早点实施
多宣传
见义勇为应给予表彰奖金
希望能好好警告不文明行为人
多管理、人性化
文明礼貌用语，人人都遵守
严格规范自己的言行，敢于举报不文明行为，提升素质，推进社会公德建设

（左侧纵向合并单元格：有效）

（续表）

	答案文本
有效	从学校开始教育，通过孩子教育大人
	不要把垃圾堆在道路上
	希望尽早出台，创建文明惠州
	政府部门加大管理力度
	讲究文明人人有责
	加强对本地村民的文明思想教育，特别是休闲绿道，景区经过及附近的村民。封路、排挤外地人、村霸等行为，严重影响大亚湾经济及文明发展和进步，当地街道办往往也是同穿一条裤子
	加大宣传力度，规范奖罚制度
	保护环境，人人有责
	从幼儿园、学校、单位抓起
	不能乱丢垃圾，看到地上有垃圾要及时捡起来，不能随地吐痰，不能在人多的地方聚集
	确保可操作性，不要只停留在文字上
	文明行为从小养成好习惯，文明城市需要大家自行约束，共同创造美好的文明城市
	垃圾不着地，不随地吐痰。文明出行，不乱闯红灯
	建议规划一下街道
	非常希望能制定本条例
	平行展开
	宣传惠州市文明行为促进条例
	希望每个人自觉遵守
	宣传到每个居民，尤其是学校
	建议多建一些娱乐设施
	希望政府加大力量监督、宣传
	遛狗不牵绳尤其突出，希望严惩
	教育、实施、防范
	从基层、村干部代表，学校师生，落到实处去宣传

	答案文本
有效	文明自觉遵守
	为大亚湾区文明行为点赞
	人人参与，从我做起
	加强宣传
	人人都讲文明话，做文明事
	公共事业进展太慢，石化大道修 N 年都还没修好，其他的路就不说了，坏了等 N 年吧
	车辆礼让行人，势在必行
	加大力度宣传
	马路边绿化不好，没有人行道不安全
	希望每个公民都能参与行动
	光说不行，得实施才行
	有待加强
	大力落实
	街道、道路不规范，凹凸不平，灰尘满天飞，建议增强绿化设置，交通信号灯坏了要及时维修
	希望政府部门多加宣传
	继续努力，做到人人都文明，社会更美好
	严格执行
	学校附近放学期间多派些民警指挥交通
	条例要落实到位，大力宣传，争做一个人人自觉的文明城市
	积极支持
	希望政府服务更好
	促进文明行为，提升全民素质
	路边摊位太乱
	政府部门多去社区了解民声民意！配套要加强
	多放一些广告牌
	政策要落地，且可执行

	答案文本
	多宣传多提醒多理解
	更多地使用文明语言
	马路边多种绿色植物，多放垃圾桶
	希望社会人员讲卫生讲文明
	多爱护花草，禁止在公共场所吸烟
	文明行为人人有责
	各有各的想法
	提高居民素质，从街道到社区多开展宣传活动，尤其是服务行业
	规范养狗
	更好地养成文明习惯
	希望惠州未来更美好
	文明出行人人有责
	文明城市，需要更多有爱心的人来引导
有效	参照新加坡治理经验
	学校附近的路口应设置红绿灯
	大亚湾发展更好
	做文明标语、文明广告
	支持理解促进和谐
	全民行动
	在学生上下学这两个时间段加强交通管理
	人人都讲文明，想文明，做文明
	为了惠州的文明城市，大家都要行动起来
	希望惠州明天更美好
	加强实施
	多鼓励文明行为
	惠州是我家，保护靠大家
	不大声喧哗
	大亚湾发展越来越美好

	答案文本
有效	爱文明讲卫生
	要爱护花草树木
	只要坚持条例，就能无所不能
	不要乱扔垃圾
	多宣传，多动员
	希望能有文明讲卫生的环境
	学校路段多安排警察执勤
	讲文明，人人有责
	法治社会，人人平等
	发表文明倡议书，号召全社会人民遵守社会公德，为文明社会、文明城市做贡献
	进一步学习
	路上多放点垃圾桶，而且是比较大的那种垃圾桶。在这边生活了三年，路上几乎看不到垃圾桶，只在垃圾场那里才看到有几个，有时候在路上喝完水，想找地方丢垃圾都找不到，也不可能一直放在手上，只能随地乱扔垃圾了
	禁止造谣生事，违者应严惩不贷
	多方位宣传，增强民众意识
	主要就是规范摩托车行驶、车辆停车问题
	爱护卫生
	努力学习，做文明的中国人
	多为百姓着想
	赏罚分明
	多管停车问题、遛狗问题
	多倡导和宣传文明行为促进条例，有条件可适当嘉奖
	不要乱丢垃圾
	督促人们文明出行
	提高文明自觉性
	贴一些告示牌或发表在一些群里，让大家一起帮忙

	答案文本
有效	政府部门不要盲目工作，群众利益高于一切，不要为了政绩破坏群众财产，这些行为就相当不文明
	从自我做起
	对随地吐痰、乱扔废弃物等十种不文明行为依法进行处罚，使公民树立责任义务意识，培养良好的习惯
	讲究卫生，主动维护公共场所卫生环境
	希望市民积极遵守《惠州市文明行为促进条例》
	严格、广泛、落实
	注意交通安全，不要乱扔垃圾
	加强社会治安综合整治活动
	希望政府部门给予执行与监督
	要派专人监督管理
	保护环境人人有责
	严格执行
	多宣传，起带头作用
	希望惠州市文明行为越来越多
	加强环境保护
	公厕卫生设施不够完善！地摊垃圾成堆
	卫生不够好
	要注重小区卫生，养狗不牵绳且随地大小便，物业服务一般
	注意安全，注意卫生
	有很多人都习惯随地吐痰，这很让人恶心，不文明！特别是疫情防控期间更应该讲究卫生
	加强基础设施建设，营造优美人居环境
	注意卫生，还有安全
	多宣传，多做活动
	尽快出台
	保护环境

（续表）

	答案文本
有效	加强对孩子的教育，文明从小抓起
	建议大家少丢垃圾，构建一个完美的城市
	保护环境
	养狗问题
	多宣传，多做活动
	奖罚分明
	想要下面的人做好文明行为，首先做领导的要做好榜样
	应尽快立法，另外要大力宣传
	做好自己的一举一动
	希望乱丢垃圾这个行为能少一些
	希望发展得越来越好
	希望可以把惠州市文明行为做得越来越好
	对那些文明行为人给予鼓励表扬
	大亚湾是我家，环境卫生靠大家
	能禁摩的就最好了，另外市政路修得太慢
	督促我们要文明出行
	做好自己
	待人要文明，待物也要讲文明，行动也要文明
	在公路边多放些文明公示牌
	奖励与惩罚
	希望尽快立法
	对倡导文明的人进行表扬
	公共场所多宣传文明行为
	积极参与配合，人人懂文明
	繁忙的路口都装上红绿灯以文明出行
	做好自己的文明行为，时刻提醒孩子的行为，用实际行动去影响不文明行为的人
	遇到事情要人性化处理

	答案文本
有效	对高空抛物重罚，物业罚款 5000 元，抛物者拘留 15 天
	对那些逆行行为和闯红灯行为严重教育
	对高空抛物严抓严惩
	随着惠州的城市发展，很多的文明行为、法律法规都要更上一层楼以匹配惠州的城市升级发展
	多表彰
	不乱扔垃圾，大家主动保护环境
	多做好事
	让人们都遵守文明法规，做一文明行为者
	提倡播放宣传教育片，带动人民一起做
	惠州市文明行为制定条例已经非常好
	让更多的人参与进来
	健康出行，文明出行，做一个有素质的公民
	不能使用暴力
	减少摩托车拉客行为
	自觉遵守爱护公物
	对那些遛狗不牵绳者进行处罚
	继续做到更好
	成立文明行为小组，鼓励宣传文明行为人
	多点文明宣传
	制定后严格执行
	希望会越来越好
	领导带头，群众才有劲头
	爱护环境，人人有责
	提倡文明卫生
	制度管人，奖罚分明
	做实事，不要形式化
	人人守法

（续表）

	答案文本
有效	泥头车、罐车不顾他人感受，喜欢抢道，喜欢按喇叭
	机动车在斑马线处礼让行人
	循序渐进，慢慢来，每天进步一点点
	希望每个公民自觉履行
	望执行到位
	不要乱闯红灯
	继续努力
	关键在于执行
	镇隆青草窝这边乱摆乱卖，无人管制。横穿马路的人太多，无人管制。总之一个字，乱！希望政府部门尽快解决
	猫猫狗狗不要到处乱跑
	希望能改变
	希望严禁燃放烟花爆竹，因为经常听见爆竹声
	文明出行，和平稳定
	街上多增加垃圾桶
	多宣传落实
	诚信、礼貌、和谐、不攀比、不奢侈、不看不起任何人
	依照条例进行监督
	要尊老爱幼，要给孕妇、老人、抱着小孩的大人让座，礼仪待人
	自觉遵守文明行为条例
	制定详细周密的计划和措施，保证相关法律和政策的实施
	根据实际情况改善
	全员参与，一起行动起来，打架斗殴、偷盗行为侵害他人的行为，一定要严查严惩！网络诈骗要一网打尽
	人人去遵守就更好了
	希望环境能变得好一些

（续表）

	答案文本
有效	针对随地乱吐痰者进行重罚
	持续改进
	加强人们卫生等问题
	大力宣传
	加强道路安全
	希望再改进
	先把公务员的行为给予明确，尤其是交警，不文明执法
	关键是落实，从身边小事做起
	有制定，就要有执行落实
	加强管理
	做个文明城市
	尽量节约资源，保护好周围的环境
	都还可以
	不清楚
	要管制那些拉帮结派的人
	如果对不文明人能当场给予教育，并责令其也参与其中，深切体会到文明的重要性，就能更有效地增强文明意识
	惠民之州，文明惠州，人人有责，你我做起
	要保护我们的家园
	加强提倡文明行为
	尽量节约资源，保护好周围的环境
	要改进
	保护卫生，做好调查
	希望能文明一点
	城管最好人性化
	小区高空抛物特别严重，建议安装摄像头
	积极参加文明行为活动
	别搞形式主义

	答案文本
	提高个人素质
	不要乱扔垃圾
	希望能做到最好
	爱护环境，提倡环保
	希望政府积极改善
	奖励措施
	希望执行到位
	继续加强
	与时俱进
	整顿市场买卖缺斤少两等不文明行为
	做好自己，文明礼行
	公共事业管理部门要多点宣传教育
	惠州市文明行为人人有责，以身作则
有效	随处可见文明标语及提醒
	街上野狗太多了，白天怕被咬，晚上又扰民
	应当加强管理，制止不文明行为
	多宣传党的方针政策
	加强管理制度
	文明出行
	希望条例能早日出台，别只是出个问卷，最后就不了了之
	加强卫生管理
	不怎么好
	团结一致爱护场所
	希望更好地完善
	公交车站站牌不规范
	保护环境，爱护公物
	老师教得不好，不敢有建议
	希望大家都自觉讲文明，条例能够更加完善，提倡大家都互相监督

（续表）

	答案文本
有效	希望社会能做得更好
	完善行为准则，加大宣传力度，落实到人
	希望大家共同完成文明行为，提倡环保卫生，人人有责
	多宣传，让惠州变得更美好
	积极宣传
	继续努力
	降低污染程度
	减少路边摆卖
	城市绿化不够，经常挖路修路，导致严重堵车
	增强人民群众文明意识
	泥头车泛滥
	加强文明建设
	路摊严重影响交通
	文明行为实行奖罚办法
	希望治安加强巡逻
	希望惠州越来越好
	不走形式，不走过场，持久贯彻执行
	多一些标语提醒大家注意文明
	大力宣传不文明行为，互相学习，做到人人有责
	政府要引导公民文明行为的落实，约束不文明行为发生
	每年对公共视频抓拍到的文明行为进行评选和表彰，即使不知道行为人是谁，也可以针对其文明行为进行表彰，以作正面宣传
	建议都在答案里
	共创文明城市，从我做起
	希望所有人民群众养成良好习惯，自我纠察纠正
	希望能完善到最好
	环境卫生保护还是靠大家一起做起来
	在十字路口，没有红绿灯的情况下，车速减慢，要礼让行人

	答案文本
	明确执法主体，提高执法质量
	积极参与社会公德、职业道德、家庭美德、个人品德建设，自觉抵制不文明行为
	使用文明用语，见到师长、来宾主动问好；不在公共场所大声喧哗、追逐打闹
	学校路段和斜坡路段禁止乱停车
	从学生教育抓起
	希望政府多给外地学生上公立学校的机会
	相互监督，共建文明行为
	大家共创美好未来
	政府官员带队上街清理垃圾比较现实，带动百姓一起，不是一天两天，而是长期
有效	文明靠大家！从我做起
	大家团结一致为社会服务
	加大力度
	避免车辆乱停放
	做文明市民，创文明城市
	希望大家文明讲究卫生
	不随便扔垃圾就行
	要从小养成文明习惯
	安全第一
	要真的能做到，不要心动，要行动
	文明礼貌
	最好能立法治理那些遛狗不牵绳的人
	希望惠州越来越好
	各社区、小区可以组织退休老人，发挥义务监督、指导作用，特别是在路口、学校门口、街道、没有红灯的十字路口进行行为监督，行为指导
	十字路口，在没有红绿灯情况下，车要礼让行人

（续表）

	答案文本
有效	多发展辅警吧
	应大力提倡
	讲究卫生，讲究文明
	对文明行为人给予鼓励表彰，一定程度享受社会福利
	规章制度一定要落实到位
	希望积极立法，做到有法可依
	不要老搞形式主义，查到就管理，要彻底落实到位。电动车满天飞，完全按自己意愿行驶
	奖罚分明
	学校路段最好要限速、慢行，特别是小学附近的地方
	希望有整套关于城市发展市容市貌全民参与的规范性行为准则要求出台
	加强公共绿化建设
	创建文明城市，建设美好家园
	希望继续保持
	禁止机动车乱鸣笛，要加强管理
	对于经常高空抛物伤人行为进行处罚
	多投入社会资源
	既要文明又要安全第一
	建议大家看到一些不文明的人在做不文明的事说不文明的话，尽量勇敢地上前去进行批评教育
	我们要爱护环境，让这个世界更美好
	学校路段要限速，特别是小学附近
	建议对饲养宠物狗、猫等动物要通过相关部门批准。尽量杜绝小区、居民楼养宠物
	惠州文明城市
	各级政府首先要进一步加大创建全国文明城市工作的宣传力度。不仅要在各类媒体上加大宣传力度，还要在城市窗口地带、主次干道、商业区、小街小巷、居民小区等人流量大的地段增加宣传类、公益类广告，使广大市民人人知晓创建工作

	答案文本
有效	希望惠州教学质量提高，增加一些重点公立学校，提高师资质量，让孩子们有一个好的学习环境，完成自己的学业。惠州工资待遇水平希望提高，现在处于消费高、工资低的状态
	抓落实
	禁止大型车辆随便鸣笛
	环卫工人扫街随便扫，不认真打扫干净街道，有个别环卫工人随便骂人
	每天做一个文明的人
	从我做起
	驾车不遵守交通；处理事故效率差，态度不好
	说了你又不听，听了你又不做，做了你又做不好，还不听建议
	倡议共同维护文明，共建和谐社会
	若要表彰文明行为，就要真正做到实处的，不要随便推荐，做做材料就说是
	一切往好的方向发展
	建议：不要养狗
	禁止乱停车，禁止带宠物进入公众场所
	不要垃圾成堆，灰尘满天飞
	建议就是学校和政府能够少一点费用
	交通问题太多太多
	不要让学生一出口就骂人
	建议从小孩入园开始抓起来
	河南岸寅达附近没有一个大公园，少建几栋房，建一个大公园，或者把南山公园建设成红花湖一样的，让大家有个休闲健身的地方
	加强宣传和奖罚
	人人讲文明，遵守一切讲文明制度
	文明出行，礼让行人。讲文明，讲卫生，提高安全生活环境

	答案文本
有效	南山公园开发好马路，供附近居民上山健身休闲去处
	希望人与人之间真诚互动，谢谢
	继续努力
	应加大以中老年人为对象的文明行为条例宣传力度
	公路上、斑马线上车辆要礼让行人，住宅区域附近避免开酒吧
	多做文明宣传广告，文明你我他，大家来参加
	建设一些文体活动场所和设施
	早些实行
	倡导人们多参加志愿活动
	惠州是我家，出行文明靠大家，从我做起
	缺乏模范带头
	一个美好的大家庭必须靠大家一起维护，一起保护共建美好家园
	爱护环境，人人有责
	讲文明礼貌讲卫生
	希望尽早落实，监督实施，让惠州市成为更具幸福感的城市
	环境美化，交通便利，礼貌文明
	希望越来越好
	多宣传正能量的故事
	人人有责
	讲文明、讲礼貌、讲卫生
	小区附近跳广场舞有点扰民
	加大宣传力度
	应该禁摩，这样道路安全更有保障
	住宅区高空抛物现象常有发生，应当严格执行禁止高空抛物
	惠州市自来水不干净
	祝愿惠州市文明城市发展得越来越好
	强化执行力
	人人遵守，共创美丽和谐的惠州

（续表）

	答案文本
有效	多奖励
	需要加强文明意识
	个人素质需要加强
	持续推进！改进！直至完善
	人人共创美丽惠州
	真正做到垃圾不落地，文明使用公共设施
	文明出行，保护环境
	从政府机关，学校，企业工厂，聚集人员多的地方开始宣传
	促进改正，慢慢提升文明城市形象
	加大对社会的法律法规宣传力度
	政府加大宣传力度
	乱丢乱放现象太多，小区高空抛物现象严重
	建议多宣传文明条例
	边实行边完善吧
	希望变得越来越好
	希望每个人都讲文明、讲道德
	加大文明宣传力度，定期开展文明活动
	宣传、教育、引导
	尊老爱幼、助残扶贫
	惠阳区现在到处乱停车，电动车闯红灯，导致交通安全隐患
	加强公共场所卫生管理
	多组织学生和家长用实际行动参与惠州文明建设
	人人参与，人人有责
	人人有责
	每时每刻都要注意自己的言行举止是否遵守规则
	大力支持
	开个小加工厂好难，要面对好多事情

（续表）

	答案文本
有效	有的学校附近大的十字路口，红绿灯都没有安装，过往的车子没有礼让的意识，希望能得到有关部门的重视
	不能光宣传，重在加大力度执行
	提高精神文明建设
	鼓励文明行为，在公开场合予以表彰奖励
	多宣传
	赞成
	可以多上门宣传
	希望更上一层楼
	澳头第一小学学生使用的厕所太脏了，很久都不打扫冲洗一次
	陈江路为什么一直在修路，搞得灰尘很大，对人的身体不好
	物价猛涨，学费一直在涨，最接受不了的是学校老换校服，刚买的明年又换新款
	禁止破坏公共资源，共建文明城市
	加强管理制度
	其他很满意，惠州是个很包容的城市，只是希望泥头车在路上能限速行驶
	希望大家人人讲卫生
	增强个人的自觉意识
	监督要到位，及时跟踪
	奖罚分明，共创文明惠州
	希望人人都自觉遵守公共场合的卫生、文明，不破坏公共设施
	对于赌博要严格执行
	从小事做起
	爱护环境卫生，不与他人吵闹，要团结
	夏天到了，希望开餐饮店的不要隔天处理垃圾。环卫工人也不容易
	电动车要控制
	文明更进一步
	建议文明行为要靠全民参与

	答案文本
有效	多倡导！多广播
	希望尽快制定，严格执行该条例
	希望惠州大亚湾文明出行，越来越好
	希望惠州更加美好
	我认为每个人都应该做到自觉，不要靠别人监督
	人们都要养成良好的习惯，改善不文明习惯，这也会提高我们的生活环境
	非常满意
	爱护花草树木，不要随地吐痰
	如果人人都能做到以上几点，社会会更文明
	卫生方面有待加强改正
	希望越来越好
	垃圾桶多清洗和更换，多设立公厕或者是收费的厕所在人流密集处
	文明从我做起
	建议拍下不文明行为的人，公开批评，让他在某个时间段看管某段马路（或其他地方）保证干净，没有垃圾
	很喜欢这里
	爱护环境，人人有责
	规范化管理摆摊工作，因为他们占道经营，马路都被占用完了
	咬人的狗不可以放出
	文明、文明、文明
	车辆别停在人行道
	希望人人能做到讲文明、讲礼貌
	提高人民思想道德水准、文明素养和全社会文明程度
	严格执行
	很喜欢
	文明城市之星
	街边摊随意摆放，导致交通拥堵，可以统一规划街边摊
	遵守纪律

（续表）

答案文本
加大制度管理
加大力度管理
对待外地人和本地人的态度尽量公平
希望惠州更加美好
长期落实宣导下去，将文明行为影响到每个人
垃圾分类很重要
共同建设文明
认为有些学校在孩子积分入学这方面作假，很多有积分的孩子没得入学，但拿钱走关系的就可以入学，这让很多为孩子积分忙上忙下的家长见不到希望，这不知算不算社会的不文明现象
大家爱护卫生
制度约束行为，提升自我意识，宣传教育改变陋习，创文明我先行，积极带动家人和身边的同事、朋友共同参与
路边违规停车
大家应该和谐相处
环境需要改善，工厂随便排污水，到处都有刺鼻味道
领导要认真落实到位
人人参加，从我做起
希望能落实到位
对卖淫嫖娼要加大执法力度，如吉隆镇二十八米大街卖淫嫖娼现象太严重了，希望执法部门能加大执法力度
公共场所禁止吸烟，减少二手烟的危害，尤其是在小朋友面前
不要乱丢垃圾
促进共同发展，共创文明城市
加强执法人员监督管理，提高国民素质
希望越来越好
大力提倡人人讲文明、守法纪，做一个良好市民
文明家园，人人有责，多提高人民责任心

注：左侧纵向合并单元格文字为"有效"

（续表）

	答案文本
有效	越来越好
	政府机关工作人员加强工作服务态度，尤其是执法机关，必须做好相关法律法规宣传，要依法依规、文明执法，也要提高人民群众的法律意识
	文明礼貌，人人有责
	多宣传正能量
	营造良好氛围，全民参与，提高公民素质
	文明行为值得被鼓励和发扬，需要采取鼓励措施
	大力宣传，表彰排名
	惠东县吉隆镇商贸城市场，希望城管多管管摆摊人，不要在路中间摆摊，以免造成交通不便、堵塞
	环境污染严重
	依法治国，依法治市，尽快落实，严格执行
	大力宣传，奖惩教育
	制度要一直维持下去
	继续倡导
	多进行广泛的宣传
	支持政府部门的一切工作
	以社会公共宣传为主，强制学校每周进行文明宣传演讲
	提倡多做公益活动
	修公路的速度要快点，修的学校要够
	希望尽快实施
	落实到位
	希望把惠州市治安搞好
	马路两边多增加垃圾桶和座椅
	实事求是，以改善人民生活为基本，切不能变成形象工程，劳民伤财
	禁止抽烟等，真正实现真善美
	不空谈，不做表面功夫

（续表）

	答案文本
有效	祝我们的家园越来越美好
	大力宣传
	很有必要制定
	大力宣传文明行为
	要讲文明，注意卫生、安全
	加大力度，坚持下去
	加大宣传力度，提升市民文明素质
	倡导文明，文明组建，增强文明意识，发扬文明精神号召
	官民平等、奖惩分明
	人性化、个性化
	积极配合
	镇隆别停水
	建议大家都要讲文明
	讲究卫生，主动维护公共场所卫生，加强志愿服务、文明生活
	广泛深入城市与地方，听取意见，安排专业人士，收集圣贤教育资料，迅速铺开圣贤教育工作
	大家积极起来讲文明
	推广
	落实到位
	希望能加大宣传力度
	环境卫生要加大力度，市容市貌要大力宣传，做到人人讲文明
	加强人民的文明意识
	加强环卫对公共卫生的清扫，居民区垃圾要勤清理，禁止额外收费
	来惠州多年，惠州的变化确实很大，希望越来越好
	不乱扔垃圾
	卫生方面，垃圾要每天坚持清理
	制定了会实行吗
	有法可依！执法必严！违法必究

（续表）

	答案文本
有效	不要乱扔垃圾，不要横穿马路
	奖惩结合，执法人员首先要起领头羊作用
	尽最大努力调动全民积极性和主动性
	遛狗一定要给狗狗戴上遛狗绳
	文明出行，注意卫生，讲文明，讲礼貌
	希望惠州市越来越好
	尽快立法
	多宣传
	农村区域更应加强宣传与监管
	希望惠州市越来越好
	执行条例
	要持之以恒地监督
	快点实现
	有待思考
	加强绿化建设、道路建设
	不要乱丢垃圾，横穿马路
	每个人必须学习，相关工作部门提供学习打卡平台，建立学习奖励机制
	希望能落实到人，提高素养
	希望落到实处，不要只是完善台账
	多宣传，关键是对不文明行为要有约束机制
	在各交通人流量大的路口或者商场等公众场所，设置醒目文明标语，再由场地负责人或者物业担任监督员（例如：在某某商场进出口和电梯口设置文明标语，由商场物业负责监督）
	保护环境人人有责
	只有立法才会有更多人懂得文明
	真正实行规范，要落实到位
	大岭教育一路至新中医院的道路坑坑洼洼，垃圾成堆无法通过

（续表）

	答案文本
有效	按条例做事做人
	在学校、单位、集体中宣传、实行，坚持做下去
	付之行动
	加大宣传力度
	很有必要制定此条例
	对乱占停车位的要严惩
	加大实施力度
	为社会文明作出讲文明的榜样
	交通治理，市场乱七八糟，小区不够文明
	希望保持道路畅通
	推广不够，投入资源太少
	讲卫生、讲文明、讲礼貌
	加强管理
	加大力度惩治不文明行为
	多多互动
	多宣传，多行动，看实效，出成果
	继续完善
	彼此督促，文明中国
	孝顺父母，做一个对社会有用的人
	文明出行，讲卫生
	没有用的！一阵风后街道还是那么脏
	体察民情，少数服从多数，选举提名好人、善人
	建议公共场所的设施损坏后及时更换
	提升道德水平，尊老爱幼
	条例的宣传要与当今互联网相适应
	尊老爱幼、家庭和谐
	讲文明从每个人做起
	认真执行

（续表）

	答案文本
有效	少喊口号，请实打实做
	多宣传多鼓励
	加大力度宣传文明措施
	严厉执行
	跳广场舞的声音太大了，希望有关部门管一管
	建议管理人员能多走走，亲历躬行
	希望能尽快制定，大家都能做个文明的惠州人
	文明习惯从小养成，家庭学校共携手，学校除了教知识，同时要多讲些文明条例给孩子听
	希望我们的城市越来越好，环境优美，遵守社会道德风尚
	文明礼貌
	人人增强自我文明意识
	人人有责，从我做起
	要执行，落实到位
	大家一起创建文明
	严格执行
	希望吉隆道路安全设施能更齐全，广汕公路装红绿灯，提高市民对交通规则的认知
	这已经是文明措施最好的开始
	多宣传教育
	希望制定出来就要严格执行，别用来摆绩效
	所在的位置位于新圩镇东风村，这里晚上摆摊比较严重，马路两边全是摆摊的，污染环境、影响交通，偶尔有城管上午来执法收东西，一到晚上，马路两边又摆得满满的，有的甚至摆在马路上，严重影响交通安全，希望城管能够晚上来，执法效果比较好
	保持环境卫生，节能减排，不随便扔垃圾，不乱停乱放车辆
	修好坑坑洼洼道路以便民，整治下水道，清理垃圾，学生上下课有较安全的道路环境等，想到再提

（续表）

	答案文本
有效	实施到位
	希望保持良好形象去做每一件事
	大力提倡，赏罚分明
	早日完善，早日实施
	治安好一些，卫生环境好一些，交通管理好一些
	人人主动讲文明
	按照地方实际情况制定条例
	让社区管委会加强对花园、小区的管理
	大家一起遵守文明城市法规条例
	禁止在公共场所或者公园进行不雅行为
	希望有关部门来平沙大道这条路管理一下乱摆地摊的现象
	再接再厉，继续弘扬传统文化
	希望我们每个公民自觉遵守
	爱护环境人人有责
	尽量完善街道标识
	文明靠大家，每个人自觉就好
	希望明天会更好
	建议大家要讲文明，自觉遵守交通规则，提高认识
	文明礼仪可以从孩子做起
	和大家一起遵守文明城市法规条例
	先教育批评，逐步依法依规落实，不能只宣传不落实，不能只一阵文明风宣传就没有了，应持久治理
	提高人民生活水平
	增强个人思想意识（从小做起）
	小广告太多
	加强文明卫生建设、宣传等
	领导干部也要合理合法
	安全文明城市靠大家

（续表）

	答案文本
有效	要严格实行，多分配资源给予支持
	落实到基层
	多宣传，全民参与
	保护环境，人人有责
	多建一些公共厕所
	增强文明城市
	文明行为，人人有责
	抓紧制定并发布，人人参照执行
	听人劝告
	多点实际性的奖励，人们会比较乐意参与进来
	切实可行
	增强人们思想意识
	每个人都做好自己
	加强宣传
	隔壁老王家，养狗每天把屎尿冲到马路边，又臭又恶心，希望政府会来处理。旁边邻居跟他说了 N 多次都没用，为了他人和公共场所卫生，希望政府会来处理
	讲究卫生，文明出行
	人人讲文明
	大力表扬文明规范行为的好人好事
	希望多宣传宣传
	大家都要讲文明
	遵守文明行为
	做好本分，讲文明树新风，人人有责
	希望环境保护得很好
	主要是有专项专管，出现问题实行倒查制，严厉惩治不文明行为，罚款从快从重

(续表)

	答案文本
有效	基本上同意上面建议
	遵守文明行为
	可以，很干净的一个角落
	宣传到位，赏罚分明，坚持去做
	以实践为主，以坚持为本
	还可以
	希望环境和治安管理做得更好
	人人有责，人人做起
	少布置点作业
	大家共同遵守，共创和谐惠州
	不能乱丢垃圾
	人人从我做起，少丢垃圾，尊老爱幼
	觉得应大力宣传文明行为
	对于马路边的停车格，不要让商家故意放东西占用，本来停车位就不多，故意占为己有，出行就更不方便了
	马路边多放一些垃圾桶
	文明礼貌能提升一个人的素质和修养，也是对他人的一种尊重，完善和谐社会，所以政府要多重视、多促进、多宣传
	希望能继续保持良好行为
	大力宣传
	交通警察定点查车不要满街追
	尽快实施
	多制定一些公共文明标语牌
	爱护环境，从我做起
	文明行为靠大家
	脏话尽量少点
	人人约束自己，做个讲文明的人
	积极配合

（续表）

答案文本
降低房子的价格
扩大宣传力度，严格遵守并贯彻执行，努力约束个人不文明行为
投诉无门执行不到位
严抓黄赌毒，并严惩；抵制不法网贷，害死人
首先要搞好环境，特别是住宅区居民楼的垃圾要及时处理，个别地方垃圾堆成山都没有及时处理。要创造宜居环境排第一，加强便民措施建设，才能更好地促进文明行为的养成
希望大家共同维护绿色环境
尽早尽快
文化你我他
坚持不懈抓好工作，落实细节，完善制度
执法必严
创建文明城市、美好家园
希望住的地方（惠东白花过塘坳白花广惠高速路入口右边100米处）不要乱放垃圾杂物，周围环境受污染，有阵阵的臭味。希望相关部门可以妥善处理。谢谢了
每一个市民必须遵守政府部门的规章制度，共同创建文明、和谐、卫生的城市
采取行动落实到位
街道卫生太差，没人清扫，绿化不完善
人人讲文明，处处讲文明
全民参与，惩罚并举
爱护环境，保护地球
摩托车、单车、行人应该加强安全意识，防止发生重大安全事故
多多宣传
提高个人素质
可以把家里的垃圾放进一个垃圾袋里
条例要切实可行，教育很重要，改变人的态度很重要

左侧合并单元格：有效

197

（续表）

	答案文本
有效	人人自觉遵守，做到最好
	希望我们的惠州未来越来越好
	严格
	加强文明
	现在小孩看的动漫很多都涉黄，希望政府能管理好
	垃圾分类
	加强文明宣传
	文明建设，人人有责
	禁止高空抛物
	能针对性地改变农村的各种卫生管理难题与困境
	公路上的标线不清晰了，要维护
	为在社区小区楼做一些宣传和规范要求，这些地方人口比较集中，宣传教育效果会好一些
	提升公民素养，防比治重要
	鼓励大家相互督促
	讲究卫生、文明行为，人人有责
	多点宣传文明行为
	不随地吐痰
	要做文明城市，从我做起
	加强遵守交通规则意识
	不随地吐痰
	政府应该出台政策，加大宣传力度
	通过立法更全面完善
	每个人文明，惠州才文明
	可以扣除入学积分
	文明城市要从我做起
	多听百姓的意见，帮忙解决问题

	答案文本
有效	大家自觉做个文明的人
	多点提倡文明行为教育
	加强文明语言
	惠东还是物价比较高，煤气都是被垄断的，这点比较不好，广东省最贵
	希望能落实到位
	禁止养狗
	文明行为，人人参与
	加大执行力度，相互监督
	创建美好的文明城市
	建议是希望能实行起来，让大家自觉做到良好的文明习惯，也给身边的人及孩子做好榜样，倡导文明出行，理解文明的含义
	要严格加强
	多宣传，要求市民和学生尽量多参与一些文明行为活动，多参与志愿服务
	勿以恶小而为之，勿以善小而不为
	垃圾、宣传不到位，惠东交警特别是大岭以罚款创收为主
	觉得制定这个条例非常好，但可以写一些讲文明的宣传语
	惠州移动有不文明收费行为
	从我做起
	希望能得到改善
	讲究卫生是人人有责，以我做起
	车多路窄
	讲究卫生，主动维护公共秩序
	多宣传正能量的话题及多做实事，持之以恒，落实到责任
	严禁燃放烟花爆竹
	违建的东西通通要拆掉，马路通道要打开，下雨的时候会进大水，最好把那些马路重新修建，把那些堵的通道全部搞好，下雨的时候，马路就不会积水了
	可以每个地方都加一些提示牌、停车线

（续表）

	答案文本
有效	志愿服务、社会服务要宣传
	多点宣传，教育小孩
	促进惠州文明行为，人人有责
	建议市民别乱丢垃圾，随地吐痰，乱涂乱画
	每天进步一点点
	卫生一定要保持干净
	不要只说不做
	继续努力
	多宣导
	人人维护，人人遵守
	要善于执行和督促
	每个人要从小事做起
	要遵守
	先做市容市貌的美化，特别是道路的美化与整洁，以及坑池、垃圾投放点的整理
	爱护环境
	乐于助人
	对不文明者加以教育，对文明者进行嘉奖
	不要随地吐痰乱扔垃圾，还有就是马路边多放点垃圾桶
	首先执法者应文明执法，带动社会和谐
	热爱公益道德
	建议环保工人及时清理垃圾
	抓紧时间出台条例，教化不行就严重处罚
	多宣传，入人心
	文明社会要靠大家一起维持
	自己约束自己
	建设更好的文明城市发展
	人人参与

	答案文本
有效	要礼让行人
	建议惠州市民吐痰的时候用纸巾包起来，打喷嚏的时候用手遮挡，做个现代的文明人
	加大宣传
	执法人与群众希望都文明
	每个人多遵守一点，家园就美丽一点
	大家一起努力
	建议礼让行人，在公共汽车上给老幼病残孕让座
	希望文明行为大家都做起来
	希望人人做到文明出行；公共场所多留意卫生；爱护公物、人人有责
	希望惠州人民文明些，搞好生态
	希望大家都能做个文明人
	希望惠州建设得越来越好，成为第二个深圳
	马路的整改要有大的落实
	赏罚分明，大力推广文明行为
	公开、公正
	信息更公开化
	落到实处，莫搞形式主义
	希望可以少见垃圾堆
	从幼儿园小学中学开始宣教，向每个家庭、每个单位、每个小区等宣传
	希望惠州的文明行为更上一层楼
	文明行天下
	共建文明城市！从我做起
	做好宣传
	强化公民道德教育，提高市民文明程度
	公共休闲场所应该多设置一些便民设施，比如在植物园里的游玩路途中，多设置厕所和休息亭
	希望越做越好，越做越文明

（续表）

	答案文本
有效	遵守文明公约，注意文明礼让
	希望 S358 省道不要年年修路
	条例有哪些还不清楚
	具体事件具体分析
	希望能尽早出台，尽早落实
	尽量做到更好
	所在的社区连个休闲健身的地方都没有，希望政府尽快落实，谢谢
	领导执行力要加强
	多修路、抓卫生
	大力倡导，宣传文明行为促进条例
	大家共同爱护，维护家园
	党政、企事业所有服务窗口的所有工作人员要注重仪容仪表，改善服务态度，遇事合理安排或处置，建立健全民众监督岗
	严管污水排放，保卫母亲河
	希望政府各部门能加大力度，为惠州文明行为不断努力
	搞好文明
	尽快实施
	文明行为是我们中国公民都有义务去执行的一种行为
	需各部门各单位多宣传文明行为条例，发现问题立即制止，提倡人人有责，惠州市文明行为靠大家
	要大力宣传《惠州市文明行为促进条例》，做到人人知道、人人遵守
	严格控制晚上行车者开大灯
	建议各广播、电视、报刊、网络平台和手机客户端等大众传播媒介应当积极开展文明行为宣传工作，对文明行为先进事迹进行宣传褒扬，依法批评、曝光不文明行为
	增强市民文明意识，增强素质
	罚款
	加强与民众沟通交流

（续表）

	答案文本
有效	实行常抓不懈
	给一个设定期限的过渡期，让文明逐步完善
	进一步整改，有道路路面经常破损
	希望大家共同努力创文明
	大家齐参与
	每件事从我做起，一起携手共同创造最美惠州，垃圾经常有人收才好，给居民一个干净的地方
	文明行为促进，从娃娃抓起，家长带领孩子一起做个文明人
	全民参与，共同维护惠州文明
	文明行为促进，全靠你我他
	加强宣传
	污水排放，到处焚烧东西。食品、空气和水都是人类健康保障
	尽快实行
	提倡文明卫生
	垃圾分类，废物利用。文明养狗，小区最好不养狗，加强防火防盗、防溺水宣传，比如一些日常粉尘爆炸、一氧化碳中毒等知识宣传
	多广告，多宣传
	有待提高
	夜间营业场所注意别影响周围居民休息
	创建文明惠州
	立法约束
	齐宣导、齐参与、齐动手，为了《惠州市文明行为促进条例》的顺利开展，共建惠州文明城市。实话实说，如有不对之处，敬请谅解
	多留意那些不文明举止的人，尽量做到文明城市
	实施起来多考虑层次、面和细节
	支持创建文明城市
	执法者也要文明
	公共厕所

（续表）

	答案文本
有效	不用多说，实实在在去做
	惠州明天更加美好
	惠州文明，人人有责
	文明用语
	建议开启网上咨询线路，以便群众发表个人看法及主张
	惠州市整体文明还是可以的，政府需要大力宣传各种文明行为，搞这么些促进条例纯属脱裤子放屁，提高全体市民的基本素质才是正确的选择，市民的素质文明不是这个破条例就能提高的，希望领导们多出来走走看看，不是坐着考斯特转一圈听着下面的报告就拍板制定政策条例。惠州在玩过待过的城市中还是算不错的，对于这个条例持反对意见，纯属没啥用的玩意
	全民参与，共同努力
	文明惠东靠大家
	做好文明城市从自己做起
	希望人人做到文明行为
	每天有环卫工人来我村打扫
	文明昌盛，保护环境
	主要提高个人文化教育
	保护环境
	道路非常差，灰尘非常多
	希望大家做一个有素质的人
	大家一起搞好惠州文明卫生
	保护好森林
	讲文明人人有责
	文明执法
	人人参与
	不要随地吐痰
	加大宣传力度
	以人为本，为民办实事
	注意卫生乐于助人

（续表）

	答案文本
有效	加大宣传力度
	爱护环境，人人有责
	要把惠州市惠阳区环境做得更好，保护好各区卫生
	建议宣传力度大一点
	我们每个公民都应该遵守各项规章制度
	注意卫生，卫生靠大家一起
	建议多做活动，告诉大家城市文明需要互相的帮助
	人人做好讲卫生
	加强文明知识的宣传，完善相关法律法规
	主动维护公共场所的卫生环境
	加大宣传力度
	需要更多宣传和演讲让更多人以身作则
	惠东是我家，文明靠大家。希望大家都行动起来，从心出发
	绿化要好一点
	希望对于道路建设和维护能以最快的速度做好，尽快通车
	摩托车、电动车太多，占用机动车车道，出行很不安全
	文明惠东靠大家
	大力宣传教育
	惠州的各行各业各级领导，没事多去深圳考察学习一下
	大力宣传教育
	多加宣传
	加大范围宣传文明行为
	加强对社会管理
	坚持
	惩恶扬善
	希望惠阳的文明景象越来越多
	要严格
	文明礼貌

（续表）

	答案文本
有效	对外来人，上学容易就好
	大力推行
	希望任何事都能做得更好，有个更美好的明天
	尽能力约束自己和家人成为文明市民
	做得不好的要重罚，做得好的要表扬
	满意
	文明就是要保障人们健康劳动的基本人权！人如果丧失了这最基本的权利，想想就可怕
	最好多装几个红绿灯，特别是一些十字路口没有红绿灯的地方
	组织社区演讲
	要请管理员
	不要乱丢垃圾，要爱护环境
	在公共场所着装得体，言谈举止文明，增强环境保护意识，履行环境保护义务，保护大气、水、土壤等环境；减少废气、废水、污染物排放，倡导绿色低碳生活方式，节约水、电、油、气等资源
	对不文明行为罚款
	建议学生有自己的学生卡乘公交车就可以减免车费
	不提倡乱摆乱卖占用街道行为
	共同去完成
	惠州是我家，文明靠大家
	共同去完成
	要执行到底，不要雷声大雨点小
	建议多放一些指示牌
	希望大家自觉
	提升个人素质
	望市民遵守
	社会昌盛、文明，爱护环境

	答案文本
有效	看到有人乱丢东西要立即阻止
	希望实行以后越来越好
	积极配合
	少出门，勤洗手，戴口罩，少聚集
	共建文明，需要从我做起。文明行为是一种修养，需要不断反省
	不能乱扔东西
	希望政府部门认真搞好环境卫生
	加大文明行为宣传力度，维护文明城市环境人人有责
	要文明
	对机动摩托车、电动摩托车驾驶员多一点管制
	最希望改善交通，增加非机动车道；公厕卫生间提倡使用带盖垃圾桶
	更好一些
	希望越来越好
	有法可依，执法必严
	大力宣传
	有益的要细化执行，有害的要严肃处理
	创建文明城市人人有责
	文明从小抓起，家庭和学校的责任很大
	政府部门还是要多宣传文明条例
	宣传、表扬
	要多宣传文明条例
	组织废旧电池回收
	尽量人性化，市民多多配合尽力而为
	教育好那些不文明的行为
	榜样的力量和宣传力度要加大。各行政单位职员、各党员和志愿者，要首先做好表率，群众就会逐渐被感染
	安排搞好个人卫生

（续表）

	答案文本
有效	可以对不文明者进行警告
	街道卫生望改善
	不在公共场所说脏话
	多多管理
	家住大岭，希望出门闻不到垃圾的恶臭味，希望有些人不要随处倒垃圾
	希望惠州市文明、绿化建设有更好的创意
	奖罚分明
	既然文明城市就要整个城市都文明，市民要素质优良！高修养
	建议从学校的学生教育做起，从小养成一个好习惯才是做人的标准
	绿化和卫生要改进，要多建一点游乐场所
	政府应该要做到位，不要寒了好人的心
	比如，打人，骂人，乱丢垃圾等
	自觉遵守，加强监督
	文明礼貌
	请政府严管，我们是文明世界，有文化的世界
	严厉打击不法分子
	以身作则，从小灌输
	加强个人素质，提高安全出行
	加强管理
	做文明市民
	挺好的，希望能更好
	先从农村抓起，因为现代人都有一种心态，比如，在乡镇一些餐厅设置有禁烟提醒，都会有种如果在乡镇禁烟就无法经营的心态
	对不文明行为进行罚款
	见义勇为互帮互助
	提醒身边的亲朋好友，假如作出不文明行为，及时纠正
	共享、共建、共治
	将各项条例真正落到实处

（续表）

	答案文本
有效	尽快制定实施
	做遵纪守法好公民
	禁止商品楼各户门口摆放杂物
	希望可以整理一下小型居民楼，违建严重，停车棚都拿来养鸡，臭气熏天，滋生蚊虫
	加大宣传力度，常态化管理
	希望交警可以文明执法
	尊重他人，不要随地乱扔垃圾、吐痰、便溺，更不要妄议他人
	最好不要有污染厂
	建议照条例执行
	希望交通可以文明执法
	希望政府部门能加大力度出台这项条例
	希望以后更加完善惠州
	尽快制定并真真正正落实执行，尽快增强全民文明意识
	希望政府部门和个人共同努力去把它做好
	互相督促
	希望惠州市成为一个文明城市
	提高人民群众的幸福感，爱护惠州如爱家一样
	公平、公正、无私、奉献
	人们都应该诚信一点
	人们诚信一点
	希望能积极引导市民多做文明行为，引导为主，处罚为辅
	扩大宣传力度
	一切要细，老百姓通俗易懂
	明确不文明行为的代价！以身作则教育下一代，共同遵守社会秩序
	加大宣传力度
	没有，感觉很全面了。最好要求电动车文明守纪，不在要道随便停车，很危险，也会造成小车出事故的困扰

（续表）

	答案文本
	大屏幕 24 小时播放文明用语，宣传文明行为
	宣传文明
	马路经常塞车，交通部门多指挥
	多展播宣传片，耳濡目染潜移默化影响每一个人
	设立各种文明引导启示牌
	年轻人要懂传统，阅读国学，丰富文化知识，一起共同学习和感染于心的文明
	设立各种文明引导启示牌
	文明城市靠大家
	大家携手共建安全文明惠州
	搞好公路设施建设，加强街道卫生管理
	文明城市，人人有责
	搞好卫生，清理街道
有效	文明城市，人人有责
	已经基本完善
	要严格执行，尽快实施
	从小抓起，多宣传，言传身教
	创建文明城市，大家一条心
	污染环境的工厂不要到农村去开发
	乐于助人
	大力整治两河四岸的广场舞和唱歌扰民问题，规定时间和音乐的分贝，竖立标语并加大宣传和巡查力度
	对居住所养猫、狗的条例要执行到位，不能光有条例，没有监督
	希望大家能做到文明出行
	禁止那些乱摆摊的行为
	严禁他人乱丢垃圾
	进一步优化安全防盗措施，街道开展巡楼活动

（续表）

	答案文本
有效	希望大家齐心协力，共同构建美丽的家园
	按照推进计划认真落实
	卫生环境最需要提高
	人人讲卫生，美化环境
	应孝顺父母，不要养宠物狗，多陪陪家人，现在的社会人觉得狗比较亲，很少去关注自己的父母
	希望能办多点学校，关注上下课学生交通安全
	外来民工子女入公办学校就读困难，虽说不用交学费，但入公办学校的花费比交学费还要贵。这是属于一种不文明的行为，希望这种现象能得到很好的改善，让农民工子女入学不再有困难
	诚实对待
	机动车辆随意停放，霸占人行道，应该受处罚
	支持并设立专门管理机构
	树立人人爱家园意识
	狠抓公共卫生及公共秩序
	最好开展活动和专家讲课
	落到实处的宣传教育
	尽快能赶上一线城市
	提倡文明行为
	文明卫生，从我做起
	多宣传和监督，以教育为主
	要真正做到人人讲文明
	希望惠东大岭这边可以提供休闲的娱乐广场，让人们下班有去处
	希望人人都能遵守条例，让惠州市变成一个文明城市
	城市文明建设，必须人人参与，共同维护
	不乱扔垃圾，不要横穿马路
	每天每人文明一小步，社会文明一大步

（续表）

	答案文本
有效	希望政府部门能够多做一些有实质意义的事情
	加强车辆乱停管理
	希望外地务工子女都能享受免费的 12 年义务教育
	建议学校有军训
	要组织一个部门巡逻，发现不文明行为提醒注意
	爱护环境，健康你我他
	保护环境，人人有责
	讲究卫生，不喜欢人家抽烟
	建议养宠物的在公共场所内要及时清理粪便
	多建篮球场
	讲文明，讲卫生，讲科学，树新风
	提倡文明，人人有责
	及早发现，及早制止
	希望惠州越来越好，越来越文明
	惠州市环境很好
	建议全社会人民都应积极行动起来，从自己的身边小事做起
	道路旁不要乱搭乱建，不按规划建房，大路变小路了
	要让小孩对身边的不文明现象勇敢指正，引导我们下一辈做高文明、高素质人才
	加强宣传，做到深入人心，人人文明，社会更美好
	希望能够严格执行，不要光喊口号
	多宣传，以规范不文明行为
	多上门宣传
	在于个人行为，文明城市，从我做起
	革命尚未成功，同志仍须努力
	要大力宣传，更乡村化
	好好对待花草树木，不乱扔垃圾
	垃圾要收，费用不要太高

（续表）

	答案文本
有效	垃圾堆要有很多垃圾分类
	愿惠州越来越漂亮
	1. 收垃圾车开走前应把垃圾仓门关好，太臭了，建议放垃圾的地方，收完垃圾立马有人用水枪清洗；2. 现在传染病蛮严重的，建议多建公共卫生间，特别是洗手池；3. 建议每两千米建一个图书馆，多读书才能讲文明，才能讲道理
	特别是工地的泥头车，希望交警多点时间整治
	请不要网络暴力
	管理严厉
	管理不严厉
	首先希望我们的家园越来越好，采纳好的方案整改我们不好的恶习，给予那些需要帮忙的人群。其次希望取缔每个学校门口乱摆地摊行为，放学时的交通问题，希望都能得到改善
	不要随地吐痰
	创建文明城市人人有责，请大家自觉遵守
	遵守交通，爱护环境，讲究卫生
	尽量文明，有足够的好一点的措施
	非常好
	加强宣传教育工作
	文明城市，人人有责
	各行业的服务态度有待提高
	加强公共卫生服务与管理
	乡镇道路维护
	希望人人都能文明，提高个人素质

后　记

　　《惠州市文明行为促进立法调研报告》历经资料收集、田野调查、分析研判、集体撰写、修改完善五个阶段，数易其稿，终于付梓。报告形成过程中，得到了惠州市人大常委会、惠州学院等单位的领导和同志的指导和支持，凝聚了《惠州市地方性法规立法调研报告系列丛书》编委会专家学者、惠州学院地方立法研究院立法助理、中国民主法制出版社编辑同志的汗水与智慧，在此深表感谢！同时，由于时间紧迫、水平有限，本书难免有不足之处，敬请读者批评指正。

2023 年 5 月